KB113239

이어령의 교과서 넘나들기

콘텐츠 크리에이터 **이어령** | 글 **제환정** | 그림 **김강섭** | 기획 **손영운**

춤편 **11** 한 눈에 보는 춤 이야기

살림

생각을 넘나들며 다양한 지식을 익히는 융합형 인재가 되세요!

우리는 지난 몇 년간 엄청난 변화를 겪었습니다. 과학기술과 정보통신기술의 비약적인 발전으로 인해 지난 시절 몇 세기에 걸쳐 누적된 삶의 변동보다 훨씬 더 크고 빠른 변화를 경험해야 했던 것이지요. 스마트폰 같은 디지털 기기들과 트위터, 페이스북 같은 소셜네트워크 서비스들은 불과 1~2개월의 시간 동안 우리 삶의 방식을 일순간에 바꾸어 놓았습니다. 당연히 지난 시절에 유용했던 생각과 지식 역시 크게 달라질 수밖에 없습니다. 이럴 때 우리 아이들은 미래를 위해 무엇을 준비하고 공부해야 할까요?

저는 이런 이야기를 좋아합니다. 옛날 어떤 사람이 우연히 산속에서 신선을 만났습니다. 신선에게 소원을 말하면 들어준다는 말에 그 사람은 신선을 붙들고 놓아 주지 않았지요. 그리고 신선에게 말했습니다. "저기 저 바위를 황금으로 바꿔 주세요." 다급해진 신선이 지팡이를 휘둘러 커다란 바위를 황금으로 바꾸어 주었습니다. "이제 놓아다오." 그때 그 사람이 눈을 반짝이며 말했습니다. "소원이 바뀌었어요. 그 지팡이를 제게 주세요."

이 이야기는 단순히 고기 잡는 방법을 가르쳐야 한다는 말이 아닙니다. '황금'이라는 창조물에서 황금을 창조하는 '방법'으로 생각을 이동시킬 수 있는 능력이 중요하다는 말입니다. 우리 아이들이 주역이 될 미래는 다양한 방면으로 바라보고 가로지르고 융합할 수 있는 '생각의 능력'이 더없이 중요해지는 시대입니다.

콜럼버스의 일화를 소개할까요. 콜럼버스가 신대륙에 상륙했을 때 어딘가에서 새소리가 들렸습니다. 콜럼버스는 그 새소리를 종달새 소리라고 적었지만, 나중에 밝혀진 바로는 그곳에 종달새는 살지 않았답니다. 콜럼버스는 자신이 알고 있는 지식에 묶여 새(bird) 소리를 새(new) 소리로 듣지 못했던 것입니다. 이런 관습적인 사고가 과거의 생각 방식이었다면 이제 중요해지는 것은 '순환적인 사고'와 '양면적인 사고', 서로 다른 분야를 함께 생각할 수 있는 '복합적인 사고'입니다.

다행히 우리 민족은 이미 오래전부터 이런 사고방식을 부지불식간에 사용하고 있었습니다. 언어적으로 봐도 서양은 한쪽 면만 표현하는 반면 우리는 항상 양면성을 고려했습니다. 고층건물에 있는 '엘리베이터'는 그 뜻을 해석하면 이상합니다. '오르는 기계'라는 뜻이니까요. 우리는 '승강기'라고 씁니다. '오르내리는 기계'라는 뜻이지요. '열고 닫는다' 는 뜻의 '여닫이', 나가고 들어온다는 뜻의 '나들이', 이런 어휘들은 양면적인 사고가 잘 반영되어 있습니다.

순환적 사고란 무엇일까요. 가위, 바위, 보에서 '가위'의 의미에 주목해 보도록 하지요. 바위와 보만 있는 세계는 항상 결과가 자명한 세계입니다. 모두 오므리거나 모두 편 것, 이 것 아니면 저것만 있는 세계에서는 다양함이 나올 수 없습니다. 그러나 '가위'가 있어서 가위, 바위, 보는 예측 불가능한 결과를 가져올 수 있는 다양성을 갖게 됩니다. 우리는 바로 그 '가위'와 같은 것을 상상해 내고 생각할 줄 알아야 합니다.

그러자면 서로 다른 분야를 넘나들면서 다양한 지식을 융합적이고 통섭적으로 습득해야 합니다. 쓰고 남은 천들은 버려지는 것이 아니라 조각보로 훌륭하게 다시 만들어질 수 있고, 배추 쓰레기가 '시래기'라는 웰빙음식으로 재탄생할 수 있게 만드는 지식의 습득과 활용이 필요합니다.

그렇게 자라난 우리 아이들은 과거와는 다르게 모두가 1등이 될 수 있는 사회에서 풍요로운 삶을 살 수 있을 것입니다. 저는 늘 이렇게 말합니다. "남다른 생각과 지식을 가지고 360도 방향으로 제각기 뛰어나가 그 분야에서 1등이 되어라. 옛날처럼 성적순으로 1등부터 꼴찌까지 줄 세우는 시절이 아니다. 그렇게 저마다의 소질과 생각에 맞는 분야에서 1등이 되어 손 맞잡고 강강술래를 돌아라. 그런 아름다운 세상에서 살아라."라고 말이지요.

스티브 잡스는 스탠퍼드 대학교의 엘리트들에게 이렇게 말했습니다. "Stay hungry, stay foolish!" 졸업하면 성공이 보장된 인재들에게, 그리고 최고의 지성으로 무장한 졸업생들에게 '항상 바보 같아라'라고 말한 것은 어떤 의미일까요. 기존의 지식으로 무장한 사람일수록 세상을 바꿀 뛰어난 생각은 바보같이 느껴진다는 의미가 아닐까요. 현재의 관점에서 불가능할 것 같고 황당하고 쓰임새가 없어 보이는 상상 속에 우리가 예측하지 못했던 엄청난 혁신과 가치가 숨어 있다는 것을 스티브 잡스는 말하고 싶었던 겁니다.

〈이어령의 교과서 넘나들기〉가 우리 젊은 학생들이 그런 행복한 미래(future)에 대한 비전(vision)을 갖는 데 꼭 필요한 융합형(fusion) 교양 지식을 익히고 생각의 넘나들기를 익힐 수 있는 좋은 계기가 되기를 바랍니다.

이어령

지식 대융합 시대의 창조적 교양인을 꿈꾸는 여러분께

현대 사회는 'T자형 인간'을 요구한다고 합니다. 'T자형 인간'이란 자기 분야는 물론이고, 다른 분야에도 깊은 이해가 있는 종합적인 사고 능력을 가진 사람을 일컫는 말입니다. 'T'자에서 '─'는 횡적으로 많이 아는 것을, 'l'는 종적으로 한 분야를 깊이 아는 것을 의미하지요.

왜 현대 사회는 T자형 인간을 원할까요? 그 이유는 21세기가 '지식 대융합의 사회'를 지향하고 있기 때문입니다. 현대는 하루가 다르게 새로운 개념의 첨단 전자 제품이 나오고, 그것이 우리의 지식 정보 전달 시스템을 통째로 바꾸고, 그 결과 문명의 방향이 달라지는 시대입니다. 이 변화무쌍한 현실을 이해하고 이끌어 나갈 수 있는 힘은 오로지 창조적이고 통합적인 상상력과 직관을 가진 'T자형 인간'으로부터 생산되기 때문입니다.

하지만 우리의 현실을 보면 앞이 아득합니다. 'T자형 인간'이 되어 21세기 대한민국을 이끌고 나가야 할 청소년들은 빡빡한 학교 수업과 학원 일정에 쫓겨 다람쥐 통의 다람쥐처럼 제자리 돌기만 하고 있습니다. 학교와 교과서를 통해 배운 지식을 단순히 입시 수단으로만 여기고 있습니다. 학교에서 배운 지식을 다른 지식과 잘 연결하고 융합시켜 지적 능력을 키우는 일에는 관심 밖입니다.

〈이어령의 교과서 넘나들기〉 시리즈는 안타까운 우리 청소년들의 지적 현실을 타개하기 위해 만든 책입니다. '5천 년 인류 문명이 이룩한 모든 교양을 만화로 읽는다.'는 생각으로 만화가 가지는 유머와 재미라는 틀 안에 그동안 인류가 축적한 다양한 지식을 담았습니다. 단순히 한 가지 학문만을 다루는 것이 아니라 다양한 학문이 통합된 융합형 교양 지식을 담아 청소년들이 현대 사회를 창조적으로 살아갈 수 있는 능력을 기를 수 있도록 만들었습니다.

인류 문명의 토대가 되는 지식을 담은 재미있고 명쾌하지만 결코 가볍지 않은 멋진 만화책들이 차례로 독자들 앞으로 찾아갈 것입니다. 우리 청소년들이 이 책들을 읽고 '지식의 대융합 시대'를 선도하는 'T자형 인간'을 꿈꾸는 모습을 보기를 간절히 소망합니다.

기획 손영운

춤의 모습은 다양합니다

춤은 세계의 어느 장소, 어느 문화에나 존재하고, 그 모습도 다양합니다. 춤은 아름답고 우아하게 즐기는 예술일 뿐만 아니라, 재미있고 신 나는 놀이로도, 신과 소통하는 엄숙한 예배로도, 친분을 쌓고 사회의 질서를 확인하는 사교의 수단으로도 사용됩니다. 이 책은 춤이 우리의 삶 속에서 어떠한 모습으로 존재하는지 알려 주는 한편, 그렇게 다양한 춤이 우리에게 어떤 의미인지 생각해 보게 할 것입니다.

춤이란 주위에서 흔히 볼 수 있지만 설명을 듣다 보면 자칫 어렵게 느껴질 수도 있는 분야입니다. 하지만 쉽고 재미있는 그림과 함께 읽다 보면, 여러분의 시야가 한층 더 넓어지리라 믿습니다. 또 즐겁게 춤을 추고, 보고, 경험하면서 춤과 함께 여러분의 삶이 더 따뜻해지기를 기원합니다.

마지막으로 춤추기를 좋아하는 재희 군이 언젠가 이 책을 읽고 엄마의 사랑을 느껴 주기를 바랍니다.

글 제환정

신체의 언어 '춤'

저는 '춤'이라고 하면 가장 먼저 아이돌의 멋진 춤이 생각나서 절로 기분이 좋아집니다. 여러분은 어떤가요? '춤에 관한 이야기이니 아이돌을 멋지게 그려 보자'라는 생각으로 시작했는데, 생각과는 달리 요즘 나오는 아이돌은 그릴 기회가 없더군요. 그림을 그리며 잘 모르던 춤의 역사와 무용수, 안무가들을 만나고, 우리가 일상생활에서 즐기던 춤이 어떻게 발전해 왔는가를 알게 되었고, 느끼게 되었습니다. 역시 무엇이든 그냥 생기는 것은 없는 법이지요. '춤'이란 우리의 감정을 표현하는 가장 좋은 방법입니다. 아기의 작은 몸짓에 수많은 의미가 담겨 있듯 우리의 행동과 춤에도 그 사람의 표정이 묻어 나옵니다. 이 책을 통해 여러분이 보고 즐기던 춤이 어떤 말을 하고 있는지 좀 더 깊게 보는 눈이 생겼으면 하는 바람입니다.

그림 김강섭

차례

이어령의
교과서
넘나들기 춤편 ⑪

1장 춤은 사회를 비추는 거울

안녕? 여러분.
우리 춤에 대해
공부해 보자.

춤을 공부한다는 게 좀 이상하지?

여긴
어딘가?

춤을 이야기한다는 것은 쉽지 않아.

문제1.
춤에 대해 논하시오.

하지만 춤과 우리 삶의 관계를 알면
춤이 좀 더 친숙하게 다가올 거야.

삶 춤

최근 춤에 대한 관심이 많아져서,

다이어트에
최고

춤과 관련된 분야가
많은 인기를 누리고 있어.

꺄악!

와아

꺄악

오빠

민속춤, 궁중 무용, 발레, 현대 무용, 재즈, 힙합 등
오늘날 춤의 종류는 매우 다양해.

그런데 춤이란 뭘까?

춤을 스포츠와 혼동하는 사람들도 있지.

스포츠댄스나 탭댄스 등 건강을
위한 춤도 있지만,
기본적으로 춤은 스포츠와 달라.

특히 이 책에서 우리가
다룰 춤은 인간의
삶과 정신과 관련된
춤이야.

즉 개인적인 목적이나 사회적 의미를 띤 행위지.

그렇다면 인간의 '아름다운'
움직임을
하는
걸까?

춤이 아름다움을 추구하긴
하지만, 모든 춤이 다
아름다운 것은
아니야.

더군다나 '아름답다'라는 것은 개인적인 기준이기 때문에
외적인 기준이 될 수 없어.

탈춤의 경우, 유머가 있고 춤동작이 시원시원해서
보기에 좋지.

그럼 발레나 현대 무용, 비보잉처럼 특별한 기술이 있어야만 춤이라고 할까?

꼭 그렇지도 않아. 단순하면서도 의미 있는 춤도 많지.

이렇듯 춤은 한 가지로 정의하기 어려운데,

그건 각 문화마다 어떤 춤이 갖는 고유한 의미가 있기 때문이야.

우리는 축제 때 춤을 춰.

우리는 예배할 때 춤을 춰.

우리는 장례식 때랑 결혼식 때 춤을 춰.

따라서 춤을 좀 더 넓게 이해할 필요가 있어.

즉 춤은 인간의 신체 움직임을 매개로 인간의 삶이나 의지, 감성과 경험 등을 나타내는 행위를 말해.

하지만 춤은 항상 기존의 틀을 깨려고 하기 때문에, 언뜻 이해하기 어려운 것들도 많아.

무용학자들은 춤이 그 사회의 정치, 사회, 문화, 기후, 풍토, 관습, 국민성 등과 매우 밀접한 관계를 맺고 있다고 말해.

즉, 춤을 추는 사람들의 삶이 춤에 반영되는 거지.

춤은 기쁨과 슬픔을 함께 나누고, 새로운 세대를 교육시키고, 신과 인간 사회를 연결해 주는 등 다양한 기능이 있어.

그럼 춤은 인간 사회에서 어떤 의미와 기능을 가질까?

춤의 의미와 기능은 고정된 것이 아니야.

시간의 흐름에 따라 달라지지.

하와이 훌라는 예전엔 종교적인 의미의 춤이었는데 지금은 관광용이야.

춤의 첫 번째 기능은 종교적인 기능이야. 이는 구석기 시대 때부터 존재했지.

신녀를 두고 나라에 일이 있을 때마다 하늘에 제사를 지냈지.

이런 제의(祭儀) 기능은 거의 대부분의 문명에 퍼져 있어.

춤을 통해 신과 인간이 서로 소통할 수 있다고 생각했거든.

우리나라에서도 무당이 굿을 할 때 춤을 추는데,

격렬하게 춤을 추면 무아지경의 접신(신을 맞이함) 상태에 든다고 해.

많은 문명에서 춤의 제의 기능은 보통 초기에 끝났는데,

우리나라에서는 오랫동안 사라지지
않았어.

춤의 두 번째 기능은 구애의
기능이야.

이성의 마음을 얻기 위한
수단으로서의 춤은 시대와 장소를
초월해.

유럽 귀족들의 무도회 춤은 낭만적 사랑을
부추기는 데 큰 공을 세웠지.

이 시기의 연애가 상당히 개방적이었다는 걸
알 수 있어.

초기의 사교춤은 신체 간의 접촉이 적고 우아함을 강조했지만,
19세기의 왈츠를 보면 남자는 여자의 허리에, 여자는 남자의 어깨에
손을 얹어 거의 끌어안은 자세야.

실제로 왈츠가 유행할 당시 사람들은
왈츠를 추거나 배우기에 바빴어.

춤의 구애 기능은 오늘날에도
여전하게 내려오고 있어.

클럽에서 멋진 춤을 추는 남성은

춤을 통해 상대에게 매력적으로 보이고 싶은 거지.

하지만 이것은 서구의 이성 중심 사고에서는 비판을 받았어.

춤이 사람을 유혹하고 타락시키고 사회를 어지럽힌다고 주장했지.

중세 유럽의 기독교는 성서의 교리만 강조하며 금욕 생활을 강요했고,

춤을 이성을 무너뜨리는 유혹으로 여겨, 축제 때나 예배 무용 외에는 모두 금지했어.

하지만 이런 것은 인간의 자유를 억압하고,

춤의 긍정적인 면을 등한시한 거지.

춤을 통한 사교나 구애도 인간의 삶 속에서는 중요하지.

또 다른 춤의 중요한 기능은 교육이야.

춤이 신체와 정신을 발달시킨다는 생각이 뒷받침된 문명에서 나타나지.

그리스 시대에는 춤을 통해 육체와 정신의 건강함을 기를 수 있다고 생각했어.

단, 이때의 춤은 전투에서 사용될 움직임을 마치 춤처럼 연결한 것이었지.

최근에는 무용 교육도 중요한 교양 교육으로 받아들여지고 있어.

요즘 어린 소녀들이 발레 수업을 많이 받는데, 그들이 모두 발레리나가 되려는 건 아니야.

단지 교양인으로 사는 데 필요한 교육이라고 생각하는 거지.

무용은 신체를 튼튼하고 균형 있게 해 주고.

음악성이나 공간 감각, 미적 감수성 등을 배우게 해 주지.

또 다른 춤의 기능은 치료야.

환자를 눕혀 놓고 춤을 추는 무당을 떠올려 봐.

원시사회에서는 춤이 치료의 방법으로 쓰이기도 했어.

우리나라에서도 병을 낫게 하는 것이 무당의
의무라고 여겨졌지.

비나이다
비나이다!

요즘에는 무용 치료, 혹은 움직임 치료가 많이 연구되고
보급되었어.

미술 음악 무용

예를 들어 자폐증을 가진 어린아이들에게 움직임으로
자신을 표현하는 방법을 가르치거나,

정신질환을 앓고 있는 이들이 공격성을 줄이고 안정을
찾는 데 도움을 주기도해.

미국에서는 가족 중에 장애나 질환을
앓고 있는 형제가 있어 스트레스를 받으면

이런 무용 치료나 상담 같은
특별한 도움을 주지.

뉴욕에 있는 마크 모리스
현대 무용단에는

무용계의
모차르트로
불리는
마크 모리스.

근육이 수축되는 파킨슨 환자들을 위한
〈Dance for PD〉라는 프로그램이 있어.

간단한 춤 동작과 창의적인 움직임을 만들어서
몸을 조절하는 능력을 잃지 않게 도와주고,
병에 지친 사람들의 마음을 달래 주지.

춤

무용 치료가 환자의 상태를 획기적으로 바꾸지는 못하지만,

인간의 약한 부분을 보듬어 주어 환자의 삶을 밝게 개선해 줘.

춤이 건강한 사람들의 오락만이 아니라는 건 매우 중요해.

춤의 또 다른 기능에는 사교의 기능도 있어. 이는 앞서 살펴본 구애와 비슷하지만,

단순히 이성에 대해 관심을 보이는 게 아니라,

춤을 통해서 친목을 도모하고 사회적인 결속력을 다지는 데 목적이 있지.

우리나라에서 각종 왕실의 행사에 행해졌던 궁중 연희나

유럽의 귀족이나 왕실의 무도회처럼 지도 계층의 사교도 있지만,

민속 무용에서도 이런 사교의 성격이 나타나.

강강술래는 음력 8월 15일 추석에 행해지던 전라도 지방 민속춤으로,

여성들이 손을 잡고 원을 만들어 노래를 부르며 뛰는 놀이야.

임진왜란 때 이순신 장군이 적의 교란작전에 사용한 데에서 유래했다고도 하지만, 정확하지는 않아.

왜구를 속이려고 부녀자들에게 남장을 시켜 산 주위를 뱅글뱅글 돌게 해서 적에게 아군의 숫자가 많아 보이게 한 전술이지.

마을의 부녀자들은 손을 잡고 노래를 부르고 춤을 춤으로써,

강강술래 강강술래

유대와 결속력을 다졌어.

하하, 강강술래

차별받았던 그들에겐 스트레스를 풀 수 있는 날이었겠지.

왜 이러느 냐...!!

익

또한 리더가 노래를 선창하고 사람들이 후렴구를 합창하면서 노래를 주고받는 재미가 있고, 중간 중간 대문 열기, 기와 밟기나 쥐잡기 놀이 같이 재미있는 놀이가 들어 있어서,

문지기, 문지기, 문 열어 주소~

열쇠 없어 못 열겠네~.

여성들의 민주적인 참여와 창의성도 엿볼 수 있어.

강강술래 할 사람

투표구

강강술래는 2009년 유네스코
세계무형유산으로 지정되었어.

이런 원무는 세계 곳곳에서
흔하게 발견되는데,

세계적으로 가장 오래되고 널리
퍼져 있는 춤이야.

예를 들어 아프리카 마사이족의 춤이나 중세 유럽의 민속 무용, 이스라엘의 원무인 호라 댄스 등이 있고,
이탈리아의 화가 보티첼리가 그린 그림 〈천사들의 춤〉에도 원무 형태가 나타나지.

원무는 손을 잡고 얼굴을 마주 보며 춤을 추기 때문에
사회 구성원들의 결속력을 높이고 유대감을 나눌 수 있어.

즉 춤의 사회적, 사교적 기능이 가장 강조되는
춤이야.

다음으로 춤의 오락적 기능을 살펴보자.

텔레비전을 켜면 나오는 아이돌의 춤이나.

뮤지컬에서 흥을 돋우기 위해 추는 춤이나.

영화에 나오는 오락적인 성격의 춤들이지.

이들 춤의 스타일은 이것저것이 많이 섞여 있고,

다양한 사람들을 위해 매우 쉽고 보기 좋게 만들어.

음악과의 관계가 밀접하고

추는 사람을 매력적으로 보이게 하고 보는 사람의 흥을 돋우는 것이 중요해.

이런 춤은 대중문화의 특징 중 하나인 자기 복제성이 강해.

비슷비슷한 면이 많고, 따라하기 쉽지.

춤 자체가 독립적이기보다는 음악에 종속적이고,

시선을 끄는 볼거리에 치중하는 한편,

일차적인 목적이 사람들을 즐겁게 하는 데 있어.

예술로서의 상징이나 의미가 미비하기에 예술로서의 춤에는 해당하지 않지.

물론 예술과 오락의 구분이 정해진 것은 아니야.

초기 발레인 궁중 발레는 연희의 흥을 돋우는 역할이었지.

춤이 예술로 인정받은 것은 발레가 그 후에 내용과 형식을 발전시키며,

인간의 감정이나 생각을 표현하고 사회의 모습을 반영하기 시작하면서부터야.

춤의 오락적인 성격 때문에 춤이 예술로서 인정받는 데 오랜 시간이 걸렸어.

춤의 오락적인 성격은 사실 중요한 매력이야.

춤을 통해서 긴장을 풀어 주고 행복감과 즐거움을 주지.

다만 오락적 춤이 지나치게 상업화되어서,

말초적인 자극만을 주는 부정적인 면이 있지.

이들의 춤은 움직임이 아니라 드러나는 신체 부위에 더 집중하게 만들거든.

아무리 오락적인 춤이라도 무용수의 재능을 보다 진지하게 보여 주는 게 좋지 않을까?

마지막으로 춤이 가진 예술로서의 기능을 보자.

예술 형태의 춤은 비교적 최근의 일이야.

춤은 20세기가 되어서야 예술의 지위를 가질 수 있었어.

우리나라에는 20세기에 첫 서양식 극장이 생기고 춤이 유입되었어.

즉 우리나라의 경우 20세기 이전에는 예술로서의 춤이라는 개념조차 없었기에,

춤이 예술로 인정받고 사랑받는 데 상당히 오랜 시간이 걸렸지.

서양의 대표적인 예술 춤 형태는 발레와 현대 무용이야.

유럽의 궁중에서 탄생한 발레는 19세기에 완전히 형식을 갖추어 자리 잡았지. 그러다 20세기에 보다 자유로운 표현 방식을 가진 현대 무용이 등장했고,

지금은 서로 깊은 영향을 주며 발전하고 있어.

앞에서 이야기했듯이 인간 사회에는 많은 춤이 있고, 춤의 기능이나 형태는 문화마다 모두 다르고 독특하기 때문에,

바로 그게 춤의 강한 생명력이야.

춤이 그 사회의 정체성을 드러낸다고 할 수 있어.

아프리카의 한 부족은 다른 부족을 만나면 '너는 무슨 춤을 추느냐?'고 묻는대.

춤이 일족의 정체성을 확인하는 기준인 거지.

이렇게 춤은 사회와 뗄 수 없는 밀접한 관계를 갖고 있어.

춤이 어떻게 사회를 반영할까?

유럽의 사교 댄스는 남성이 주로 리드를 하고 여성은 리드하는 남성을 따르는데,

이는 서양 문명의 가부장적인 면모를 보여 주는 거야.

한편으로는 춤을 통해 은근한 구애를 할 수 있기 때문에,

남녀 간의 사교가 가능했던 서양 문화를 보여 주지.

반대로 우리의 궁중이나 귀족 사회에서는 남녀가 함께 추는 춤은 없어.

조선시대 이후로는 강력한 유교 사상 때문에 더욱 불가능했지.

남녀칠세부동석이니까 너랑 댄스 그룹 못하겠다.

명충아 나 남자거덩

대신 한국 춤은 여러 명이 함께 추는 군무가 많아. 서양처럼 개인의 감정이나 생각을 표현하는 내용의 춤은 극히 드물고, 공동체의 운명이나 관심사에 관련된 춤이 많지.

종교 행사나 왕실의 행사에 추었던 춤들은 모두 제례나 연희, 축제처럼 공공의 목적을 띠고 있어.

특히 유교가 널리 퍼진 조선시대에는 몸을 사용하는 것을 천하게 여겼으므로,

아버지, 저 춤을······

춤을 통해서 개인의 생각을 표현한다든지,

춤으로 제 생각을 표현하..

사대부들이 사교를 하고 구애를 한다는 것은 불가능한 일이었지.

썩 꺼져라 넌 이제 내 자식이 아니다.

이게아닌데...

꽥

몸에 대한 철학, 예술에 대한 철학이 다르므로 춤의 내용뿐 아니라 춤의 움직임도 매우 다른 거야.

서양의 춤은 시각적으로 보이는 것이 중요해.

뻗어나가는 선이 중요하고, 스텝이 분명하고 포즈가 많지.

또한 점프처럼 도약하려는 면이 많아.

가령 발레리나가 발끝으로 서는 춤은 중력과 싸우려는 인간의 의지를 보여 줘.

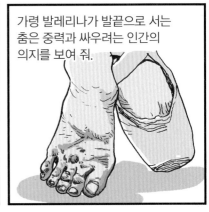

천상으로 오르려는 듯한 움직임은 신과 가까워지려는 의도라고도 해. 현대 무용에서도 높은 도약이나 턴 등이 많지. 즉 하늘로 솟구치는 힘이 강해.

반면 한국의 문화는 흙(대지)과 밀접한 관계가 있어.

농부들은 일 년의 일기에 맞춰 자연에 순응하는 삶을 살지.

춤 역시 시각적으로 보이는 것보다는 춤추는 사람을 더 중요시해.

한국 춤은 부드럽게 땅을 딛고 서서 땅의 기운을 받으며 자연에 순응하는 춤이야.

서양의 춤과는 달리 관절의 부드러운 움직임이 많고, 다리를 쭉 뻗기보다는 무릎을 살짝 구부리면서 장단을 맞춰. 자연스러운 호흡을 중시하고 춤추는 이의 마음가짐을 강조하는 등 자연의 움직임과도 가깝다고 할 수 있지.

이처럼 우리가 살고 있는 문화에도 춤은 매우 다양한 모습으로 있어.

많다~

진도북춤
바라춤
강강 술래
한량무
교방 입춤
대 사슴놀이
숨무
...

주의할 것은 한 문화가 한 가지 춤만 갖고 있는 것은 아니라는 거야.

내가 좀 많아

흥부네 집

문화

춤 춤 춤 춤

부채춤을 본 외국인 관광객이 한국 춤을 여성스럽다고 생각할 수 있지만,

한국 춤은 모두 화사하고
여성스럽습니다.
남성은 춤추지 않네요.

엥?

NO!

실제로는 농악이나 대사습놀이처럼
활달한 춤도 많잖아.

한국도 남성적이고
활달한 춤이
많은데요.

wow

다른 문화의 춤을 볼 때는 단순화시키는 것을
조심해야 해.

편견 착

예를 들어 남미 춤이 탱고밖에 없다고 생각하는 건 편견이야.

남미 춤은
탱고밖에 없지 뭐.

편견

그 편견
좀 벗지!

우리나라의 경우 일본, 중국과 지리적으로도 가깝고 서로 문화 교류도 많이 했지만,
각각의 건축이나 미술, 음악, 무용은 서로 다른 모습이야.

그래서 한중일의 문화가 모두 비슷하다고 하면
우리는 그 말이 틀렸다고 생각해.

일본 춤이나 한국 춤이나
동양의 춤들은 손가락 표현이
비슷하군요.

NO

편견

너도
편견을
좀벗지!!

마찬가지로 우리가 남미나 아프리카 춤을 뭉뚱그려
표현한다면 상당한 오류가 있겠지?

그편견 좀
벗으라고

우씨

남미

아프리카

악

편견

얼굴이 하나하나 다르듯, 다양한 춤들이 각각의
고유함을 가지고 있어.

이렇게 춤은 모든 문화에 존재하면서 다른 모습, 다른 의미를
갖고 있어. 이런 다양성이 바로 춤의 가장 큰 생명력이야.

다음 장으로
넘어가자!

예술, 혹은 비예술로서의 춤

춤은 세계 어느 장소, 어느 시대에나 존재하는 인간의 가장 기본적인 문화입니다. 춤이 없는 문화는 찾아보기 힘들지요. 선사시대부터 춤은 종교적이거나 사회적인 기능을 하면서 사람들의 삶과 밀접하게 관련이 있었습니다. 하지만 춤에 대해서는 동서양을 막론하고 여러 가지 편견이 있었어요. 그래서 사람들은 춤이 예술로서 갖는 가치에 대해서는 그다지 많이 인정해 주지 않았지요. 특히 춤은 한 번 추고 나면 사라진다는 것, 남성 중심적인 문화권에서는 여성의 예술로 인식되었다는 것, 또 이성을 강조하는 사회 속에서는 인간의 몸을 매개로 한다는 것 때문에 거의 주목을 받지 못한 예술이었어요. 서양 역사에서도 왈츠, 탱고, 발레처럼 춤이 항상 유행의 중심에 있었음에도 불구하고 그 의미에 대해서 사람들은 별로 관심을 갖지 않았습니다.

그러나 춤의 가치는 강조되지 않았을 뿐, 없는 것은 아니랍니다. 많은 학자들은 춤이 가장 인간적인 예술이자 행위라고 말합니다. 인간이 다른 도구나 방법 없이, 인간의 몸으로 무엇인가를 말하려고 한다는 것이 참 따뜻한 예술이라는 거지요. 간혹 사람들이 춤의 신체성 때문에 운동, 혹은 스포츠와 비교하기도 하지만, 춤은 스포츠와는 아주 다른 모습을 가지고 있어요. 가령 피겨스케이팅이나 리듬체조, 싱크로나이즈드스위밍 등은 시각적으로 춤과 비슷한 면을 가지고 있어요. 모두 음악과 함께 인간 신체의 아름다운 모습이나 리듬감 등을 보여 줍니다. 하

거리에서 펼쳐지는 비-보잉 댄스.

지만 춤은 스포츠와는 아주 다른 상반된 면이 있지요. 스포츠는 도전하고, 상대와 경쟁하여 승리하는 면에 초점을 맞춥니다. 춤 역시 화려한 테크닉으로 인간의 멋지고 강한 모습을 보여 주는 것 같지만, 동시에 정반대의 모습도 가지고 있어요. 춤은 인간의 더 섬세한 부분들, 즉 따뜻한 감수성,

잉글랜드 웰스 지방의 웰스 대성당 정원에서 추는 '모리스 춤'.

연대감, 여림, 상처, 슬픔 등 보다 솔직하고 다양한 인간의 삶의 모습을 보여 주지요.

　춤은 매우 다양한 모습으로 우리 곁에 있습니다. 무대에서의 예술 춤이 있고, 동호회에서 취미로 하는 춤, 텔레비전에 나오는 신 나는 춤 등이죠. 춤은 인간의 본능이라고 할 만큼 우리와 뗄 수 없는 행위이고, 따라서 정말 다양한 기능을 가지고 있어요. 우리가 감상의 대상으로 보는 예술적인 춤이 있는가 하면, 예술은 아니지만 우리의 삶과 더 직접적인 연관을 갖고 있는 춤들도 있지요. 따라서 꼭 예술 형태의 춤만이 중요하고 의미 있다고 할 수는 없답니다.

　흔히 춤은 '추기엔 좋지만 보기엔 어렵다'고 이야기합니다. 그러나 인간은 누구나 무용수입니다. 누구나 각자의 의미를 담아 각각의 춤을 추고, 각자의 의미를 발견하는 것이랍니다. 춤은 우리의 삶을 격려하는 데 가장 중요한 역할을 하는, 인간의 가까운 친구이기 때문이지요.

2장 춤은 어떻게 시작되었나?

춤은 인간의 문명과 함께 시작된 아주 오래된 문화지만,

예술로서의 춤이 생겨난 것은 불과 몇 세기 되지 않았지.

대신 춤은 인간의 삶과 밀접한 관계를 갖고 있었어.

댄스와 스포츠를 한번에

다이어트와 건강을 한번에

춤은 인간의 본능이기에,

실룩 실룩

인류의 역사와 함께 시작되었다고 할 수 있어.

자, 오늘부터 이걸 춤이라고 해라.

망언?!

엥?!

인간은 본능적으로 춤을 추기 시작했고,

으쓱! 으쓱!

그것이 각 문화마다 다른 모습으로 발전했어.

이집트나 메소포타미아 같은 초기 문명권에서는 무용수가 신에게 제사를 올리는 사제의 지위를 가졌어.

신과 소통하기 때문에 이런 무용수들은 격리되어 보호되었지.

춤 역시 신성한 것이라 조금이라도 틀리면 나쁜 징조라 여겼어.

한 아프리카 부족의 제사 의식에서는

나이 든 사람들이 화살을 들고 있다가

춤을 틀린 사람을 활로 쏘아 쓰러트렸다고도 해.

신에게 보내는 메시지인 춤을 틀리면 공동체의 운명이 위태로워지기 때문이지.

일본이나 남미, 아프리카의 문화 속에서는 신이 직접 춤을 추지.

우리나라에도 처용무에 그런 얘기가 나오지.

신라의 처용 설화에 기원을 둔 처용무는 유네스코 무형문화재이며,

다섯 명의 무용수가 가면을 쓰고 추는 춤이야.

처용 설화는 『삼국유사』에 나와 있어.

신라 헌강왕이 바닷가에 갔다가 갑자기 짙은 안개가 끼자,

용왕을 달래기 위해 절을 짓고 제사를 지내.

흡족한 용왕이 일곱 아들을 데리고 나와 춤을 추었고, 그중 한 아들인 처용이 헌강왕을 따라오지.

그는 궁중에 들어가 관직을 받고 아름다운 여인과 결혼을 했는데,

그의 부인이 얼마나 아름다웠는지,

전염병을 퍼뜨리는 역신이 흑심을 품고 처용이 없는 틈에 아내를 찾아가지!

집으로 온 처용이 낯선 신발을 보고 상황을 깨닫지만,

분노하여 역신을 죽이는 대신 노래를 부르며 춤을 추지.

서라벌 밝은 달에 밤들이 노니다 들어와 자리를 보니 다리가 넷이로다.

둘은 내 것인데 둘은 누구의 것인고?

본래 내 것이지만 빼앗긴 것을 어찌하리오?

역신은 처용에게 감탄해 처용의 형상만 보아도 그 집에 들어가지 않겠다고 약속을 했고, 이후 민간에서는 전염병을 막기 위해 처용의 그림을 문에 붙였다고 해.

우리 집에 전염병이 안 들어오게 해 주세요.

하지만 궁중 정재(궁중의 춤)인 처용무는 처용 설화의 줄거리와는 관계가 없어. 처용의 외양을 본뜬 가면을 쓴 다섯 명의 무용수가 각각 동, 서, 남, 북, 중앙 등 다섯 개의 방향을 상징하며 추지.

처용무엔 역신이나 아내도 출연하지 않아.

우리나라의 궁중 무용 중에서 드물게 남성이 추는 춤으로, 나쁘고 사악한 기운을 물리치고 경사로움으로 나아간다는 뜻만 남아 있어.

남자가 추니 동작도 크고 활달하지.

이처럼 한국의 춤은 종교적인 의식과 매우 밀접한 관계를 맺고 있어.

우리는 하나

단군의 건국 신화에도 신단에 제사를 올리고 춤과 음악을 즐겼다는 기록이 있지.

물론 이때의 춤은 춤, 노래, 시가 모두 뒤섞인 단계야.

안 떨어질래

춤

시

노래

나두

하늘에 제사를 지내는 제천의식은 거의 대다수의 문명에서 찾을 수 있어.

당시에는 인간의 힘으로 예측하거나 해결할 수 없는 일이 많아서

쿠르르름...

신과 인간을 연결하는 제사가 더욱 중요했어.

신

특히 우리나라에서는 이런 춤의 종교적 기능이 상당히 오래 지속된 것이 특징이야.

힘 좋고 오래가요!

무당

조선시대를 넘어 근대에도 무당이 마을의 사제 역할을 부분적으로 담당했지.

비나이다 비나이다

한국 전통 춤은 크게 궁중 무용과 의식 무용, 민속춤으로 나눌 수 있어.

슥

전통 궁중 의식 민속

궁중에서는 국가의 행사나 제사, 또는 연회를 위해 전문 무용수를 두었어.

엄격한 예법을 가지고 있어, 자유롭고 자발적인 민속 무용과는 매우 달라.

예법

엄격한

궁중 무용은 국가에서 관리하며 의상부터 춤의 내용까지 기록하고 보관했지.

한편 서민 사회에서는 춤이 자유롭고 다양하게 발전했어.

우리나라는 가무악을 즐긴 민족이라서 다양한 민속 무용이 발달했어.

농사를 지으며 공동체 의식이 강해졌기 때문에 집단으로 추는 춤이 많았고, 지방 곳곳에는 그 지역의 특징적인 춤들이 매우 다양하게 있었지.

하지만 조선 초에 유교 문화가 정착되면서 문제가 생겼어.

양반들은 직접 몸을 움직여 춤을 추지 않았고, 춤은 천민이나 기녀의 활동으로 인식되어 그 가치를 제대로 인정받지 못했어.

양반이 경박스럽게 웬 춤이냐!

광대나 하는 짓 아닌가!

민속춤은 사람들의 기억으로 전해지기 때문에 보존이 쉽지 않고,

왼손인가?! 오른손 인가? 기억이 안나

일제 강점기와 과거 문화를 부정한 근대에 많이 사라져 버렸어.

우리의 뛰어난 춤 문화에도 불구하고

춤

댄서 지원서

우리나라의 경우 춤이 발전할 만한 극적인 기회가 없었지.

서류 탈락

댄서 지원서

아 왜?

서양은 17세기 궁중의 춤이 무대 위의 예술로 발전했는데,

춤 발전 시켜!

하지만 같은 시기의 조선 궁중의 춤은 그럴 만한 계기가 없었어.

춤?! 그게 뭔데?

물론 민간에서 14세기 말 무렵 전문 연예인 집단이 등장하는데,
천민 출신인 이들은 유랑 생활을 하며 집시처럼 떠돌았어.

조선시대에는 사당패라 불렸지.

즉 우리나라는 서양의
경우처럼 춤이 대대적으로
발전할 체계가 없었기에,

예술로서의 춤은 상당히 늦게 등장한
셈이야.

20세기가 되어 비로소 극장에서
춤을 관람하기 시작했으니
말이야.

한편 서양의 그리스 신화에는 춤을 관할하는
여신 테르프시코레(Terpsichore)가 있어.

그녀의 이름은
'춤의 기쁨'이라는
뜻이야.

그리스 신화를 보면 반은 인간이고 반은
새의 모습이며, 선원들을 유혹해서 물에
빠져 죽게 하는 세이렌이 나오잖아.

테르프시코레는 세이렌의 어머니야.

이처럼 춤과 음악의 유혹적인 이미지는 신들과 요정의 세계에도 드리워져 있어.

플라톤 역시 신과 춤을 연결했지.

'신들의 특성을 나타내는 차례와 리듬은 무용의 그것이기도 하다.'

또 춤은 '신들을 기쁘게 하고 명예롭게 하는 탁월한 방법'이라고 말했고,

플라톤의 스승인 소크라테스는

'무용을 통해 신들을 가장 아름답게 찬양하는 사람이 전투에서도 가장 탁월하다.'라고 말했어.

그리스에서는 오늘날의 체조 같은 춤을 어릴 때부터 배웠어.

팔벌려 뛰기

그 움직임은 체육에 가까워서 크고 박력이 있었지.

짝
박력 있게
짝
짝

소년들은 김나지움이나 레슬링 학교에서 군사 교육을 받을 때도,

전술의 움직임을 무용 형태로 배웠다고 해. 이는 춤이라기보다는 전투 능력을 가다듬는 움직임이었지만, 춤의 교육적인 부분을 잘 보여 주는 예이지.

정치인이나 군인들은 이런 춤 솜씨를 자랑스럽게 여겨, 공식 행사에서 군중 앞에서 추기도 했다고 해.

그리스 후대로 가면서 전문 연희자가 등장하는데,

술의 신 디오니소스의 이름을 따 '디오니소스의 예술가들'이라고 불렸어.

이들은 무용수를 비롯해 시인, 음악가, 배우 등 다양하게 구성되었지.

이후 로마 시대는 그리스의 문화를 그대로 받아들였지만,

계속되는 전쟁으로 인종과 문화가 계속 섞이게 되지.

로마 시대에는 몸짓을 이용한 팬터마임이 크게 인기를 끌어.

팬터마임은 한 배우가 가면을 바꾸어 가면서

검은 막을 배경으로 다양한 인물들의 성격을 연기하는데,

대사 없이 춤이나 제스처로만 구성되었어.

하지만 로마 시대의 춤은 별다른 발전없이 사라져 버려.

로마제국이 점점 타락하면서 춤은 자극적인 오락으로만 남게 되지.

특히 노예나 죄수들을 상대로 잔혹한 게임이나 경기를 하는 등,

로마제국은 부와 문화적 다양성에도 불구하고 예술 탄생의 토양을 만들지 못했어.

이렇게 한 예술이 탄생하고 발전하는 데에는

돈이나, 그걸 즐기려는 사람들만 필요한 것이 아니야.

황금 위에서 깨어나면 황금알을 낳는 거위가 나올 거야. 크크……

로마제국은 풍부한 정신 문화가 예술의 중요한 토양이 된다는 걸 보여 주지.

이제 중세의 춤을 살펴보자.

서양의 중세시대에는 봉건제도와 기독교가 모든 걸 지배했어.

특히 기독교는 정치, 사회, 문화 전반에 걸쳐 인간의
모든 삶을 지배했는데,

기독교가 점점 타락하면서,

문화와 예술 발전에 찬물을
끼얹었지.

하지만 이 시기에
지구 반대편에서는,

중국 송나라에서 종이, 인쇄술, 화약,
시계, 나침반 등이 발명됐고,

이슬람 문명이 아라비아반도에서
찬란한 문화를 꽃피우지.

15세기 유럽의 학자들은 지식과 문화가 다양하고 해박한 이슬람
문화에서 온 책을 번역하는 게 중요한 일이었고 해.

초기 기독교에서는 로마의
타락한 생활태도를 모두
없애 버리면서 춤도 금지했지만,

신도들을 교육하고 전도하는
데에는 도움이 된다고 생각해서,

예배 형식의 춤은 일부 허용했고,

성자나 순교자의 삶을 묘사한 무용극이
만들어졌어.

중세의 그림을 보면 거의 대부분
기독교와 관련된 거야.

회화나 음악은 기독교에
부응하면서 발전해 나갔지만,

춤은 인간의 신체를
죄악시하는 교리 때문에,

무용수를 기르는 것도 어렵고 즐기거나 공연할 수가 없어서 발전할 수 없었지.

춤을 즐길 수 있는 유일한
기회는 교회 축제였어.

12세기에는 종교축일에만 춤을
출 수 있었는데,

교회의 억압적인 교리와 봉건제도의
착취에 지친 사람들이 이때만은
웃고 뛰면서 춤추었고,

때로는 무용극을 통해 성직자들을 풍자했지.

내가 너를 사하노라

그러나 기독교가 타락하면서 성직자들이 면죄부를 팔았는데, 춤을 춘 사람들도 죄인으로 간주해 면죄부를 강매당했어.

춤춘죄인방

내가 면죄부 싸게 팔게, 회개해라~.

하지만 춤이 언제나 인간과 함께였다는 걸 기억하지?

11세기부터 계속된 십자군 전쟁과,

200년에 걸쳐 여덟 번이나 전쟁을 일으켰지.

페스트의 대유행과 굶주림으로 유럽의 곳곳에 널린 것이 시체였는데,

이때 역사상 가장 기괴한 형태의 춤인 '무도광'이 등장해.

으~ 저게 뭐냐~?

전쟁과 질병으로 이어지는 죽음에 지친 사람들은 삶을 느끼고 싶었어.

사람들은 널찍한 교회 마당, 즉 불멸의 신과 죽음 앞의 인간이 공존하는 곳에서

갑자기 사지를 흔들고 도약을 하고 괴성을 질러댔지.

미친 듯이 춤을 추면서 이 마을 저 마을로 돌아다녔고,

어린아이부터 어른들까지 많은 사람들이 죽기도 했어.

입에 거품을 물 때까지 춤을 추다가 사지가 뻣뻣해지고 부들부들 떨며 바닥에 쓰러져.

교회는 이 춤을 악마의 것으로 판정했어.

그들은 왜 춤에 미쳤을까?

무도광은 페스트가 완연히 퍼진 1349년에 극에 달했는데,

사실 페스트는 치사율이 매우 높은 전염병이야.

죽음에 몸을 반쯤 담그고 있는 사람들의 공포를 상상해 봐.

무도광은 죽음을 겸허하게 받아들이는 게 아니라,

삶에 대한 발작인 셈이지.

초기 기독교인들은 영혼뿐만 아니라 몸의 부활도 믿었어.

영생의 날이 오면 다시 살아날 영혼과의 합일체였지.

영혼의 날 봅시다

하지만 죽음의 현장에서 목격한 인간의 신체는 매우 나약했고,

이런 극한의 상황에서 미치도록 춤을 추면서 부활을 꿈꾼 것일지도 몰라.

그동안 무도광은 정신병리학적 입장에서 보는 것이 주도적이었어.

집단적 불안 증상이 춤으로 폭발한 것입니다.

최근의 연구에서 매우 흥미로운 주장이 있었는데,

과학적으로 설명해볼게.

무도광들이 밀에 기생하는 맥각균에 감염됐다는 거야.

우리는 마약의 주성분이지.

독성이 강한 맥각균이 들에 있는 밀가루를 먹으면,

밀가루 밀가루 밀가루

환상을 보기도 하고 신경 수축을 일으키지.

하지만 일부는 이에 동의하지 않아.

맥각균 감염은 환상을 일으키지, 춤을 추게 하지는 않는다!

맞아 맞아

맥각균은 엄청난 통증과 심각한 혈관 수축을 일으켜 오히려 몸을 움직이기 힘들기 때문에.

으~ 손끝도 못 움직여~

며칠씩이나 춤추었다는 무도광의 증세에는 맞지 않아.

어떻게 이 상태로 춤을 춰?

이게 말이돼...?!

즉 무도광은 사회적 현상이라고 봐야 해.

너도 나도 다같이 와아

교회는 무도광 때문에 춤을 악마의 것이라고 간주했지만,

사탄아 물러가라

십자군의 패배와 페스트 등으로 교황의 권위는 땅에 떨어졌지.

교회의 힘이 약해지자 음지에서 활동하던 유랑 악사, 시인, 무용수들이 지방 영주들에게 환대를 받았어.

Hi

유랑극단의 무용수는 이 마을, 저 마을의 영주의 성에서 안정적인 생활을 하면서 민속춤을 모아서 춤을 만들었어.

여기서 살자

와아

모여라

영주의 성

이런 움직임이 나중에 르네상스의 춤을 만들 토양이 되지.

르네상스

무역과 산업의 발달로 봉건제도가 약화되었고,

다시 예전의 그리스·로마 시대의 지식과 문화 유산을 찾는 움직임이 거세져,

드디어 15세기에 르네상스가 열리게 되지.

르네상스를 딱 꼬집어 언제부터라고 말하긴 힘들어.

르네상스는 정치나 사회 시스템의 변화가 아니라,

이념적인 변화야.

따라서 갑자기 사람들의 삶이 확 바뀐 것은 아니지만,

나는 여전히 농노인데.

다양한 지식을 흡수하고 경험적인 태도를 갖게 되며,

인쇄술의 발달로 지식의 확산이 가능해지고,

예술에서 새로운 기법을 시도하는 시기야.

춤 역시 변화의 급물살을 타게 되어,

14~15세기엔 민속춤과 궁중 무용이 널리 추어지고 연회가 늘어나고,

춤이 다시 교양 교육이 되지.

우리 딸을 위해 춤 선생님을 모셨어요.

춤은 귀족적인 취미가 되고, 사교춤이 유행하여 사회적 품위와 교양을 뽐내는 도구가 돼.

사교계에 데뷔하려면 춤부터 배워야~.

15세기에 이뤄진 인쇄술의 발전 덕분에 무용 음악이 널리 보급되었고,

무용 교사들이 무용 스텝을 적은 무용보를 보면서 새로운 춤을 배울 수 있었어.

특히 르네상스 문화의 중심지 이탈리아에는 궁전마다 무용 교사들이 존재했는데,

저는 이태리에서 온 새로운 무용교사입니다.

음

이들은 단순히 사교춤을 가르칠 뿐만 아니라,

이 스텝을 모두 외우셔야 합니다.

싫어 재미없어

가장무도회 같은 대형 행사를 제작하기도 했어.

이런 연희는 축제나 귀족이나 왕족들의 환영 행사, 왕족들의 결혼식과 대관식 등 큰 행사에서 흥을 돋우고 경의를 표하기 위해서 만들어진 거야.

특히 이탈리아에서는 '대행렬'이라는, 오늘날의 퍼레이드 같은 행사가 있었는데, 화려한 마차와 연기자들, 말과 기수, 무용수들이 장관을 연출했지.

이런 이탈리아의 화려한 행사들은 중요한 의미를 지녀.

그 자체로는 돈 많은 귀족들의 여흥에 불과하지만,

춤은 즐거운 거야~ 뿡뿡

춤

예술에 대한 꾸준한 지원 덕분에

빵빵

스윽

예술

곧이어 중요한 형태의 춤이 탄생하게 되거든.

그러나 이 춤이 탄생한 건 르네상스 문화의 꽃이었던 이탈리아에서가 아니었어.

?

~르네상스

이 춤이 무엇이고, 어디에서 탄생했는지를 다음 장에서 살펴보자.

르네상스

춤추는 신 이야기

춤의 가장 보편적이고 기본적인 기능은 제의(祭儀)로서의 춤이었어요. 우리나라를 비롯한 많은 문명에서 제사장이 신과 소통할 때 춤이 매우 중요했습니다. 물론 이런 제의의 형태로의 춤은 우리가 생각하는 발레나 예술 춤과는 아주 다른 모습이지요. 여러 명이 순서를 정해서 추는 군무인 경우도 있고, 무당 혹은 제사장이 혼자 신께 올리는 경우도 있는 등, 매우 다양한 모습을 띠고 있었지요. 중요한 것은 춤은 신과의 소통이기 때문에 매우 성스럽게 여겨졌다는 것과, 따라서 그 사회에서 중요한 역할을 담당했다는 것입니다.

가령 인도에서 숭배되는 힌두교의 신 시바는 창조와 파괴를 담당하는 신이지만, 동시에 춤의 신으로도 불립니다. 시바는 둥근 불꽃 안에서 네 개의 팔로 춤추는 듯한 모습을 하고 있는데, 이것이 '우주의 춤'이라 불리는 춤입니다. 요르바와 남서나이지리아 같은 아프리카나, 브라질, 쿠바 지역도 춤을 통해서 신과 조상들과 소통하는 춤의 문화가 널리 퍼져 있습니다. 흥미롭게도 이들의 춤은 단지 신께 올리는 기도가 아니라, 신이 직접 춤추는 사람의 몸에 들어와 춤을 추며 응답한다고 믿고 있습니다.

인도 최고의 신 시바.

그렇다면 서구의 중요한 정신문화를 담당했던 기독교는 어떨까요? 인도나 아프리카 문명과는 달리 기독교는 춤에 대해서 이중적인 태도를 보여 줍니다. 기독교가 거대한 통치 이념이었던 유럽의 중세기 동안, 춤은 탄압에 가까울 정도로 부정되었습니다. 중세 기독교는 영혼의 부활을 강조하고, 인간의 욕망이나 신체

의 즐거움을 부정했습니다. 반면 춤은 인간의 몸, 삶에 대한 의지, 활달함 등을 의미하죠. 특히 춤이 인간의 욕망이나 즐거움과 연결되어 있다고 생각했기에, 교회는 춤추는 것을 금지하고 춤추는 사람들을 탄압했지요.

그러나 언어가 다른 지역으로 기독교를 전파할 때, 교리를 무용극으로 만들어 사람들에게 보여 주었습니다. 춤은 언어를 뛰어넘는 표현력을 갖고 있기 때문에 무용극은 좋은 선교의 수단이었지요. 물론 교회가 허용하는 춤은 남녀가 섞이지 않고 원을 만들어 신을 찬양하는 정도로 제한되었습니다. 즉 교리를 전파하고 신을 찬양

발레 영화 〈빨간 구두〉 속의 주인공.

하는 춤은 허용하지만, 자발적으로 즐기는 춤에 대해서는 탄압한 것이지요. 안데르센의 동화 『빨간 구두』를 보면 춤에 대한 기독교의 부정적인 시각을 볼 수 있어요. 이 책은 카렌이라는 소녀가 장례식에 빨간 구두를 신었다는 죄로 영원히 춤추는 형벌을 받게 되는 이야기입니다. 카렌은 가엾게도 발이 잘릴 때까지 춤을 추어야 했고, 교회를 찾아가 회개하자 비로소 구두에서 해방됩니다. 중세인들의 춤에 대한 부정적인 시각을 잘 보여 주는 이야기지요.

3장 아름다움과 기술이 융합된 고전 발레

발레의 이미지는 누구에게나 친숙해.

이게 뭐죠?

발레요 발레

발레요

'발레'라고 하면 제일 먼저 망사스커트 '튀튀'를 입은 무용수를 떠올리지.

발끝으로 서서 춤출 때 신는 신발을 '토슈즈', 또는 '포인트 슈즈'라고 해.

쑥

*토슈즈(toeshoes), 포인트 슈즈(point shoes)

정확한 대형의 아름다운 군무와 화려한 의상,

높은 도약 같은 놀라운 테크닉도 발레의 대표적인 이미지야.

헛!

부웅

클래식 발레는 매우 체계적으로 구성되어 있는데,

16세기부터 수백 년에 걸쳐서 완성됐어.

원래 발레는 정치적인 목적으로 발전된 예술이야.

1533년 당시 피렌체는 무역의 중심지로 상업과 예술이 발달해 있었어.

그때 카트린이란 소녀가 60척의 화려한 배를 이끌고 피렌체에서 프랑스로 시집을 오는데,

그녀는 첫사랑이자 사촌인 이폴리토를 마음에 묻고, 미래의 남편인 오를레앙 공작과의 결혼을 위해 가는 중이었지.

카트린은 피렌체의 지배자인 메디치 가문의 딸로,

왕이 세 번이나 바뀌는 동안 섭정을 한 프랑스의 왕비이자,

프랑스 종교전쟁 학살의 주범인 카트린 드메디시스야.

정략결혼이었던 만큼 카트린의 결혼 생활은 행복하지 못했어.

남편인 오를레앙 공은 형이 갑자기 죽어 왕이 되지만,

*카트린 드메디시스(Catherine de Médicis, 1519년~1589년)

스무 살 연상의 정부에게 빠져 버렸고,

귀족들은 외국인 왕비를 무시했지.

14살에 결혼해 스물두 살에 첫 아들을 낳아 이혼은 면했지만,

어지러운 정세 속에 자신의 입지를 세워야 했어.

피렌체는 예술과 문화의 도시였고, 메디치가는 강력한 후원자였지.

수많은 예술가들과 예술 작품 속에서 자라난 카트린은

친정에서 데려온 예술가들을 통해 화려한 볼거리를 내놓았어.

큰 아들의 결혼식 때 노트르담 성당을 화려한 극장으로 만들었고,

사치스런 퍼레이드가 계속되었는데, 이 퍼레이드가 바로 발레가 탄생한 계기가 되었어.

왕족들은 보석으로 치장을 하고,

카트린과 새 신부는 화려한 옷을 입고 황금 의자를 타고 입장했어.

이런 퍼레이드와 야외극은 국가의 주요한 행사 때마다 반복됐지.

왕실의 약혼, 결혼, 사절단의 방문, 군사적 승리 등 모든 경축 행사에 말이야.

모든 행사는 쭈욱~ 계속 됩니다

춤은 기사도의 일부이자, 교제의 필수 덕목이 되었어.

모든 귀족은 사교춤을 배워야 했고,

대중 앞에서 춤출 땐 위엄을 갖춰야 한다.

공적인 춤과 사적인 춤으로 나뉘었어.

신사에게 어울리지 않는 발동작은 해서는 안 된다.

이런 동작은 안 돼

이런 배경에서 '궁정발레(Ballet de cour)'가 탄생되지.

여기에서 발전됐대.

궁정 발레

발레

오늘날과는 다르게 단순한 움직임 위주였고, 춤, 음악, 노래, 왕실의전, 시낭송, 정교한 무대장치 등이 포함된 종합예술이었어.

발레라는 단어는 '춤추다'라는 뜻을 가진 이탈리아어 '발라르(Ballare)', 혹은 '발레띠(Balletti)'에서 유래됐어.

너도 이제 발레야

누구맘대로

발레띠

프랑스

역사상 최초의 발레를 만든 것도 카트린인데,

왜 불만 있어?!

아...아뇨

바로 1581년의 〈왕비의 희극 발레〉란 작품이야.

'희극발레'란 '줄거리가 있는 극'이라는 뜻이고,

'왕비의 발레'란 왕비가 직접적으로 제작에 신경썼다는 뜻이야.

전부 제작해! 넵!! 시나리오

*〈왕비의 희극발레(Ballet Comique de la Reine)〉

화려한 궁전과 폭포, 신들이 구름을 타고 나는 기계장치까지 등장했고,

무용수들은 각종 보석으로 신비스럽게 치장했으며,

네 가지 덕목의 여신들이 등장하는 등 특수효과도 대단했다고 해.

기하학적이고 대칭적인 대형과 스텝으로 구성된 화려한 춤이 가득했는데, 행사의 대미 '그랑 발레'는 관객들의 무도회로 장식되었지.

하지만 이 작품이 최초의 발레로 꼽히는 것은 스케일 때문이 아니야.

학자

*그랑 발레(grand ballet): 마지막으로 수행되는 앙트레(입장).

이전의 발레들과는 달리 극적인 스토리가 있고, 다른 볼거리보다 춤이 주도적인 역할을 했기 때문이야.

나를 따르라 왕! 와아! 와! 춤

이 발레는 '키르케'라는 그리스 신화에 나오는 마녀의 이야기로,

크크크...

남자들을 맛있는 음식으로 유혹해 돼지로 만들어 버리는 요녀였지.

호잇! 펑

그녀가 힘을 키워 다른 신들까지 위협하게 되자 주피터에 의해 제압되는데,

이 주피터는 프랑스의 왕 앙리를 상징해.

이 발레의 안무가는 카트린이 이탈리아에서 데려온 보주아이외였어.

*발타자르 드 보주아이외(Balthasar de Beaujoyeux, 1500년경~1587년)

그는 춤에 르네상스인의 기하학에 대한 애정을 반영해서, 규칙적이고 반복적이며 기하학적인 대형을 많이 만들었지.

너무나 감명 받은 유럽의 왕실에서 후에 이 안무 노트와 악보를 책자로 만들어 유럽 궁전에 나누어 주었다고 해.

그런데 역사상 최초인 이 발레는 사실 매우 정치적이야.

이 발레는 앙리 3세 때 왕비의 여동생인 마르그리트의 결혼 축제를 위해 기획된 행사였어.

거대한 스케일과 장엄한 무대는 왕실의 권위를 선전하기에 좋았고,

또 유흥적이어서 귀족들을 정치로부터 무관심하게 만들 수 있었지.

다음 달에도 왕자님의 생일파티에 발레가 있어요.

이번에는 나도 역할을~.

카트린은 이렇게 프랑스 문화의 중심에 섬으로써 정치적 파워를 쉽게 가질 수 있었지.

하지만 앙리 4세의 재위 기간 동안 공연된 대규모 발레가 80개나 되었다고 하니, 당연히 왕실 재정에 큰 타격을 주었고,

몇 십 년 후에 닥칠 프랑스 혁명에도 영향을 주었을 거야.

우리는 굶어 죽는데….

이처럼 궁정 발레는 예술과 사교, 오락, 정치의 혼합물이었어.

발레의 소재는 주로 그리스 신화, 요정, 여왕, 신 등이었는데,

사람들이 중세 때의 어두운 종교적 소재를 싫어했기 때문이야.

예수 고난극은 싫어!

하지만 때로는 궁중의 정치적 상황도 발레에 담았지.

셰익스피어의 『햄릿』을 보면, 왕자인 햄릿이 억울하게 죽은 아버지의 귀신을 만나는데,

클라우디우스가 내 귀에 독을 넣었다.

햄릿은 이를 확인하기 위해 귀신이 말한 장면을 연극으로 보여 준 후,

아버지를 죽인 게 삼촌임을 알아내고 복수를 계획하지.

삼촌이

이 연극처럼 발레에도 숙청이나 권력의 이동 같은 정치적 메시지를 담기도 했어.

루이 13세는 어린 나이에 즉위해 어머니인 마리 드메디시스가 섭정을 했는데,

무겁지 엄마가 대신 써 줄게

그녀는 친정의 파워를 등에 업고 마음대로 권력을 휘둘렀지.

그녀가 이태리에서 데려온 이들을 신임하면서 권력을 내려놓지 않자,

루이 13세는 발레를 통해 정권을 되찾겠다는 것을 암시해.

왕은 발레 〈레날도의 해방〉에서 주인공 레날도로 등장하는데,

이 발레는 레날도가 마녀를 물리치고 병사들을 해방시키는 내용이야.

즉 자신이 프랑스를 통치할 준비가 되었다는 것을 보이고는,

어머니를 궁전에서 쫓아내고 가신들을 모두 죽여.

루이 14세는 발레를 더욱 더 잘 이용한 사람이야.

'태양왕'이라는 그의 별명은 〈밤의 발레〉에서 태양 역할을 했기 때문에 생겼는데,

자신이 우주의 핵심인 태양이라며 강력한 왕권의 의지를 춤으로 표현했어.

왕이 춤을 춘다는 게 이상하지?

궁정 발레는 그 중요성 때문에 남성 귀족이 출연했어.

초기에는 귀부인들이 가면을 쓰고 등장하기도 했지만,

무대 예술이 되어 사람들 앞에 보이게 되자 출연할 수 없게 되었지!

여성이 저렇게 유혹적인 춤을 출 수는 없다.

나중에 점차 발레 동작이 복잡해지자 전문 무용수들이 등장했는데,

처음에는 남성 무용수가 등장했고, 여자 무용수는 1659년에야 등장하지.

1659년

여자 발레다

짜잔~

즉 발레에 여성 직업 무용수가 탄생한 것은 채 400년도 안 된 거야.

나 발레 400살 밖에 안 됐어!

그전엔 여성 역할도 남성 무용수가 가면을 쓰고 했어. 심지어 왕이 직접 가면을 쓰고 여자 역할을 한 기록도 있지.

놀랍쥐~?!

여성 무용수는 왜 허용되지 않았을까?

헉!! 여자라는 이유로… 말도 안 돼.

여자는 안 돼 탈락

여성의 무대 진출 제한은 일본에서도 볼 수 있어. 유네스코 지정 세계무형유산으로 등록되어 있는 일본의 전통 예술인 가부키는 춤과 노래가 있는 드라마로,

특이하게도 남자가 여자역과 남자역을 다 맡고 여성은 절대 출연할 수 없어.

면도 좀 하지?!

여성을 표현하기 위해 가부키 공연자들은 특별한 분장을 하고

엄청나게 혹독한 훈련을 받지.

똑바로 안합니까!

가부키유격장

악! 악!

성인 남자가 아름다운 여성의 모습을 연기하기가 얼마나 어렵겠어?

사실 원래는 '오쿠니'라는 여성 무용수가 있었는데,

여성 가부키가 대중들에게 너무나 인기를 끌자,

정부는 건전한 문화를 위해 여성 가부키를 금지했고,

뒤이어 어린 소년들의 출연도 금지당해.

이처럼 동서양을 막론하고 여성들의 제약은 매우 심했는데,

이것은 남성 중심의 가치관 때문이야.

여성이 무대 위에 올라가 자신의 매력을 보이는 것이

사람들을 유혹하는 등 건전하지 못하다고 여긴 거지.

매우 불공평한 잣대야.

다시 돌아가서, 루이 14세는 1661년에 왕립무용학교를 설립했고,

이때부터 발레가 전문화되어 눈부시게 발전하지.

이 학교에서 오늘날 발레의 기초가 정비됐어.

당시 왕의 무용 교사는
피에르 보샹이었는데,

*피에르 보샹(Pierre Beauchamp, 1636년~1705년)

그는 무대에서 무용수들이
보다 효과적으로 보이기 위해,

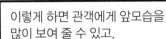

음

발을 바깥으로 돌리는
'턴아웃'이라는 기법을 만들었어.

*턴아웃(Turn out)

지금은 발의 각도가 거의 180도에
가까운 일자이지만, 당시에는 90도
정도였지.

90°

이렇게 하면 관객에게 앞모습을
많이 보여 줄 수 있고,

180°

발도 더 다양한 각도로
움직일 수 있어.

뿔뿔뿔...

그리고 보샹은 발레의 기본이 되는 발의 다섯 가지 포지션을 만들었지.

보샹의 이
기본자세는
지금도 발레의
기본이 되고 있어.

발레
기초

그런데 왜 갑자기 이런 포지션이
필요했을까?

이전까지 발레는 야외나 넓은 실내에서
추어졌어.

와 와아

장소가 넓으니 스케일도 점점
커졌고,

와 와아

무도회에서는 신분에 따라 엄격한 순서로 춤출 수 있었지.

하지만 루이 14세 때 오늘날과 같은 프로시니엄 무대가 등장해. 앞면만 관객에게 보이고 양옆과 무대 뒤는 가려져서 보이지 않는 무대지.

관객이 정면에서 관람하는 각도가 정해지자, 무용수들도 당연히 정면을 의식해 앞모습을 많이 보여 줘야 했어.

발레는 18세기에 기교가 더욱 발전되어 전문화되었고,

마리 살레나 마리 카마르고 같은 여성 발레 스타들이 탄생해.

이젠 정치적인 의미는 거의 사라져 버렸고,

재미있는 줄거리와 정교한 테크닉을 넣어 신흥자산계급의 사랑을 받지.

하지만 발레 무용수들의 지위는 낮았어. 가난한 소녀들이 발레학교를 찾아 왔고,

발레하면 성공할 수 있나요?

당근 넌 예쁘니까 성공할 수 있어.

*마리 살레(Marie Salle, 1707년~1756년)
*마리 카마르고(Marie Camargo, 1710년~1770년)

부와 명예를 얻기를 바라며 발레의 세계에 뛰어들었어.

마리 카마르고는 그다지 유명하지 않은 음악가의 딸로,

열여섯 살에 파리에서 데뷔한 후 큰 인기를 얻었어.

와! 와아! 와,

그녀는 자신의 테크닉이 잘 보이도록 긴 치마를 발목까지 자르기도 했고,

찍익

당시의 여성 무용수답지 않게 높은 도약이나 활력 있는 춤을 보여 주었는데, 이를 위해 남성 무용수들과 같은 수업을 받았어.

반면 마리 살레는 정반대로 지적이고 우아하고 표현적이었지.

그녀는 거추장스런 장식 대신 간소한 드레스를 입고 표현적인 춤을 추었는데,

이런 춤 스타일은 루소의 자연주의에 영향을 받았다고 해.

이 시기에 중요한 안무가는 장 조르주 노베르야.

그는 유럽의 많은 왕족들의 무용 교사를 했고,

공주님, 무용 시간입니다.

네.

*장 조르주 노베르(Jean-Georges Noverre, 1727년~1810년)

쉰 살에 파리 오페라 극장의 발레마스터가 되지.

여기가 내 자리!!

발레마스터 | 마리

그는 1760년에 쓴 『무용과 발레에 관한 편지』에서

무용과 발레에 관한 편지

발레가 화려한 장식과 인공미에 갇혀 있음을 비판하고,

마스크를 쓰고 춤추는 무용수는 무용수가 아니다.

……

표현성과 열정, 진리 등 본질적인 것을 찾아야 한다고 주장해.

다 필요 없다!

휙

이는 당시에 매우 혁신적인 주장으로,

심~플

저런

궁정 발레의 전통을 무시하다니!

표현을 구속하는 형식을 버려야 한다는 얘기야.

내용과 표현이 제일 중요해.

실제로 일부 관객들은 그의 사실적인 감정 표현에 충격을 받아.

헉!

저런 표현이

커걱

극장을 떠나거나 기절하기도 했어.

조금만 더

이상

그가 생각했던 이상적인 발레는 나중에 러시아에서 완성된 클래식 발레였을 거야.

헉 안 돼

쿠르르

이상

그는 온갖 음모와 루머에 시달리다가 발레마스터에서 물러났어.

그의 이론을 받아들인 비가노라는 안무가는 발레를 아예 팬터마임처럼 만들었지.

얼음~

뭐야!! 춤이 아니라 자세만 잡네…

1789년에 프랑스 대혁명이 일어났고, 혁명의 물결은 점차 전 유럽으로 퍼졌어.

인간은 모두 평등하다!

이후 75년 동안 국가 체제가 바뀌며 격동의 시대를 보냈지만,

우당탕탕

75년

혁명은 그들의 이상과는 달리 인간의 나약함을 드러냈어.

산업혁명으로 인한 대량생산과 자본주의도 생활방식을 바꾸어 놓았고,

예술가들은 이 어둡고 잔인한 현실에서 도피하고 싶었지.

안녕
예술
현실

이성보다 감정을 중요시하고, 이국적인 것, 영원한 것을 꿈꿨었는데,

이성
감성
쑤욱

이런 낭만주의는 고스란히 발레로 유입되었어.

스슷…
발레

낭만 발레는 님프, 요정 등을 소재로 했고,

좌악

하얀 옷을 입고 발끝으로 춤추는 여성 무용수는 순수함의 상징으로 여겨졌지.

이 어지러운 현실 위를 떠도는 순수한 영혼이여……

와우

절망적이고, 죽음으로 극복하는 사랑은 낭만주의 발레에 꼭 들어가는 내용이야.

너따위 사랑에 힘으로!!
꼭
컥

이 천상의 아름다움을 가진 낭만 발레의 대표작으로는
공기의 정령 이야기를 다룬 1832년 작 〈라 실피드〉와,

사랑에 배반당한 처녀가 아름다운 귀신이 되는
1841년 작 〈지젤〉이 있어. 이 두 작품 모두 이룰 수
없는 사랑을 위해 목숨을 바치는 주인공과,

요정이나 윌리 같은 비현실적인
캐릭터가 등장해.

하늘을 나는
요정이네.

ㅣ와아!

그 분위기를 표현하기 위해
발끝으로 춤추는 테크닉이
발전했고,

공중에
떠다니는 것
같아.

뾰로롱

하얀 망사스커트가 순수한
이미지를 만들어냈지.

전 깨끗해요~!

오오~ 천상의
여인이야.

이런 작품들에 등장한
발레리나는 엄청난 인기를
얻었지만!

19세기 중반이 되자
낭만 발레도 시들해져서,

낭만
발레
19세기

스타들이 떠나고 인기도 사그라졌고,

파리 오페라 극장은 상업적으로 변하게 돼.

하지만 이 파리의 예술은 러시아로 조심스레 옮겨지고 있었어.

유럽의 마지막 군주인 차르는 예술가들에게 지원을 아끼지 않았어.

이때 러시아로 온 발레미스디 중에 마리우스 프티파가 있어.
그는 4명의 황제가 바뀌는 동안 클래식 발레를 완성시켰지.

발레의 대표작
〈백조의 호수〉

화려함의 극치
〈잠자는 숲 속의 공주〉

크리스마스의 전통
〈호두까기 인형〉

모두 프티파가 안무하고 차이코프스키가 음악을 맡은 작품이야.

이때 비로소 클래식 발레가 극적인 구성과 테크닉, 뛰어난 음악적인 표현력을 모두 갖추게 되었지.

그랑 파드되와 디베르티스망 같은 클래식 발레의 대표적인 형식도 모두 그가 갖추었고,

곡예에 가까운 고난도 기술도 완성되지.

남성이 여성을 들고 한 발로 도는 턴이야.

*그랑 파드되: 주인공 남녀가 차례로 나와서 추는 이인무.
*디베르티스망: 줄거리와 상관없이 들어가는 장식적인 춤.

러시아는 황실발레단과 발레학교를 설립하여 발레를 부흥시키고 뛰어난 무용수들을 배출했어. 안나 파블로바, 바츨라프 니진스키, 미하일 포킨 모두 러시아가 배출한 스타들이야.

지금도 볼쇼이 발레학교와 키로프 발레학교는 세계적인 스타를 배출하고 있는데,

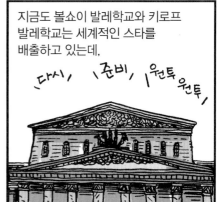

무용수들은 어린 시절부터 매우 엄격한 훈련을 받지.

19세기 말 유럽에서 발레가 시들해지고,

러시아에서도 고전 발레가 식상해지자, 젊은 예술가들로 구성된 발레단 '발레 뤼스'가 등장해.

발레 뤼스는 강렬한 에너지를 지닌 러시아 발레를 현대적인 감각으로 재탄생시킴으로써 바로 현대 발레의 시작을 열었지.

Baller Russe

그들의 춤은 낭만 발레에 식상한 유럽인들에게 신선한 충격이었어.

20세기 초에 발레를 완전히 거부하는 현대 무용이 등장하지만,

발레가 여전히 젊고 신선한 예술일 수 있다는 가능성을 보여 준 거야.

그럼 다음 장에서는 발레를 거부했던 현대 무용을 살펴볼까?

*발레 뤼스(Ballet Russe)는 '발레 러시아'라는 뜻.

춤의 정치적인 의미

권력과 춤의 조합은 낯설게 느껴지지 않나요? 하지만 많은 문화권에서 춤은 권력의 핵심인 궁중에서 추어졌고, 권력이나 정치와 밀접한 관계였습니다. 아프리카의 아샨티 지역에서는 왕을 선출할 때 후보자가 전통 춤을 정확하게 잘 추는지가 매우 중요한 자격 요건이라고 합니다. 아샨티의 왕은 나라의 중요한 행사가 있을 때마다 국민들 앞에서 춤을 직접 추어야 하는데, 이는 아샨티의 역사적인 인물들과 선조들을 기리는데 매우 중요한 제의이기 때문입니다. 즉 춤이 그들의 역사를 기념하고 미래로 나아가게 하는 정치적 의미를 갖는 것이죠.

춤과 권력의 결합을 가장 잘 보여 준 것은 발레를 탄생시킨 프랑스 왕실입니다. 프랑스 왕실에서는 발레라는 화려한 스펙터클을 통해 왕실의 권위와 위엄을 보여 주고자 했습니다. '태양왕'이라는 별명으로 유명한 루이 14세는 〈밤의 발레〉라는 작품에서 직접 태양 역할을 춤추었는데, 어린 나이에 왕권을 거머쥔 그는 태양처럼 강력한 이미지를 귀족들에게 심어 주고 싶었고, 실제로 강력한 왕권을 확립한 왕이 됩니다. 이처럼 초기의 발레는 전문 무용수보다는 왕족과 귀족들이 직접 참여하는 정치적인 쇼였습니다.

루이 14세의 발레 〈밤의 발레〉.

춤을 정치적 파워를 선전하는 도구로 사용하는 것은 15세기 르네상스의 이탈리아로 거슬러 올라갑니다. 르네상스는 참으로 예술이 발전하기 좋은 시점이었고, 이탈리아는 해상무역을 통해 부를 축적했지요. 이 시기에 중세 기간 동안 외면되었던 고전 작품들이 다시 폭발적인 인기를 끌면서 신화 속 인물이나 이야기들이 발레의 소재가 되었어요.

발레의 전신인 '발리(Balli)'라는 궁정의 화려한 볼거리가 등장한 것도 이때쯤입니다. 이런 무대 예술을 탄생시키기 위해서는 어마어마한 재력은 물론 재능 있는 예술가들, 미술가, 음악가, 디자이너, 의상 제작자, 무용 교사 등이 필요했지요. 즉 왕실이나 유명한 가문들은 사람들에게 이런 거대한 여흥을 제공함으로써 자신들의 권력과 부의 위엄을 보여 줄 수 있었습니다. 또 하나, 루이 14세가 태양 역할을 춤춘 것처럼 이야기 속 등장인물들에게 적절한 상징성을 주어 발레는 매우 상징적인 정치성을 띠게 되었지요.

사실 춤의 정치적인 면은 궁중 발레에서만 보이는 것은 아닙니다. 가령 올림픽이나 국가 행사에 추어지는 매스게임을 생각해 볼까요? 전통 의상을 화려하게 재구성하고, 다양한 대형으로 일사불란하게 추어지는 이런 춤들에도 개최국의 문화 유산을 자랑하는 한편, 세계 속에 입지를 굳히고자 하는 정치적인 메시지가 숨겨져 있지요. 북한

평양의 대규모 매스게임.

의 매스게임은 보다 확실한 예인데, 과장된 손발이나 행진, 숨 막힐 정도의 일사불란함은 조직의 단합과 권력에 대한 충성심 등을 강조하고자 의도된 것입니다. 하지만 동시에 그 사회의 경직된 모습을 드러내기도 하지요.

4장 자유로운 정신의 현대 무용

현대무용

20세기 초반은 혁신적인 시기였어.

유럽의 전제군주제는 몰락했고,

과학, 기술, 산업의 눈부신 발달로 인간의·삶이 달라졌지.

예술에서도 과거의 예술들과 다른 모더니즘 운동이 일어나고,

건축을 비롯해서 회화와 음악 등 예술 전반에 새로운 양식이 등장해.

1907년 피카소는 친구 마티스에 집에서 아프리카 가면을 발견하는데,

평면적인 모습을 그리는 회화에 회의적이었던 그는

와하하 이거야

아프리카 가면의 다각적인 특징에 자극을 받아 〈아비뇽의 여인들〉을 그렸어.

이 그림은 기괴하고 충격적이었지.

여인의 얼굴이 일그러졌잖아!

여인의 누드가 이토록 흉하다니!

피카소는 기존의 이차원적이고 평면적인 각도의 그림 대신,

여러 각도에서 본 여인의 모습을 그린 거야.

오~ 튀어 나오는거 같애

피카소는 "지금까지의 그림은 부가물이었지만, 내게 그림은 파괴의 종합이다."라고 했어.

모든 것을 깨주마

춤에서도 이렇게 기존의 것을 파괴하는 일들이 일어났지.

발레

탁

20세기 초반 현대 무용을 일으킨 선구자들은 모두 발레를 반대했어.

발 레

현대무용

그들은 유럽의 전통 발레를 거부하고 새로운 예술을 만들었는데,

내가 널 현대 무용으로 변신시켜 줄게

발레

가장 대표적인 인물은 이사도라 덩컨이야.

가난한 환경에서 춤과 노래, 시와 함께 자란 덩컨은

춤

시

노래

*이사도라 덩컨(Isadora Duncan, 1877년~1927년)

자신의 춤은 영혼의 노래이며, 발레는 여성의 몸을 왜곡하는 부자연스러운 예술이라고 비난했어.

덩컨은 안나 파블로바의 집에 초대된 적이 있어.

안나 파블로바는 20세기 초의 전설적인 발레리나인데,

덩컨은 파블로바가 고된 연습을 한 뒤 새처럼 조금 먹는 것을 보고 이렇게 생각했지.

덩컨은 1878년 미국 샌프란시스코에서 태어났어.

아버지는 사업가였고,

어머니는 부유한 가정에서 자라 음악에 조예가 깊었지.

그런데 덩컨이 세 살 때 사업에 실패한 아버지가 가족을 떠났고,

덩컨의 어머니는 홀로 4명의 자녀를 데리고 피아노 레슨을 하며 어렵게 살아가지.

가난했지만, 어머니는 자녀들에게 시와 피아노 연주를 들려주었어.

하지만 덩컨은 어머니를 걸 보며 결혼이 여성에게 얼마나 불공평한 것인지를 깨닫고,

어릴 때부터 여성의 자유와 권위를 위해 싸울 것을 다짐해.

덩컨은 몇 번의 발레 레슨을 받았지만 그만두고,

이건 너무 부자연스러운 춤이야!

자연을 보며 혼자서 춤을 공부했어.

파도를 표현하겠어.

그녀는 그리스 시대의 춤을 자신의 이상으로 삼아, 인간의 자연스러운 움직임과 가식 없는 감정을 표현했어.

화려한 장치 등을 거부하며,

간소한 그리스풍의 의상을 입고

음악이나 시와 조화를 이루는 춤을 지향해.

덩컨은 어린 시절부터 자신의 춤에 대해 자신감이 넘쳤어.

나는 성공할 수 있어!

소녀 시절 시카고와 뉴욕의 문을 두드리지만,

당시 미국의 뮤직홀은 대중적인 유행을 따르는 상업적인 곳으로,

당신은 안 돼, 돌아가!

캉캉춤, 서커스 등 매우 오락적인 공연 위주였지.

덩컨은 자신의 춤이 진지하게 보여지길 원했기에,

캉캉춤을 추면 대박날 텐데?

내 춤은 지식인을 위한 춤이요.

뮤직홀에서 춤추기를 거부했어.

돈에 나 자신을 팔고 싶지 않아.

꼬르륵

대신 지식인들의 사교 모임에 자신의 춤을 소개했는데,

그리스의 아름다움을 재현하는 춤입니다.

친오빠와 언니에게 피아노 반주를 부탁했어.

부탁해~

어

당시 뉴욕에는 신인 예술가들이 넘쳐났기에 그녀는 여전히 배가 고픈 예술가였는데,

우린 배고프다 와글 와글

뉴욕

어느 자선 행사에서 춤을 춘 뒤, 덩컨은 비참함을 느꼈다고 해.

덩컨 양 덕분에 이만큼 돈을 모았어요.

이 딸기로 만든 디저트를 먹어 봐요.

날 이용만 하고

난 밥도 못 먹는데.. 디저트라니…

덩컨이 성공을 거둔 것은 유럽 무대였어. 덩컨은 돈이 없어 가축 수송선을 타고 유럽으로 갔지.

꼬끼오~

음메~

꿀꿀~

유럽은 문화의 핵심이었고 세계 각국의 예술가들이 모여 있었는데,

모여라

허 내 손은 먹지 마

꼬끼오

유럽

유럽의 지식인들은 덩컨을 여신으로 부르며 찬양했어.

혼자서 이곳까지

므으읔

여신 이다

변신

당시 여성들은 허리를 꽉 죄는 코르셋과

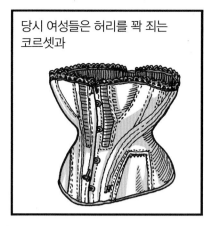

모자와 구두, 긴 치마를 입어야 했는데,

코르셋이 내장 기관을 너무 조여

소화불량에 시달리거나 기절하기 일쑤였지.

당연히 무용수들도 코르셋을 입고 춤을 췄는데,

덩컨은 이런 의상이 여성을 속박한다며, 편안한 의상과 맨발로 춤을 췄어.

그녀의 의상 개혁은 여성의 권리를 찾는 움직임이었지.

덩컨은 베토벤, 모차르트, 슈베르트, 쇼팽 같은 거장의 음악을 이용했고,

자신의 춤이 거장들의 음악에 대한 해석이라고 했지.

그래서 덩컨이 자신을 거장들과 동등한 자격으로 끌어 올렸다며 논란이 되기도 했어.

하지만 이는 춤을 음악, 미술과 동등한 예술로 끌어올리려던 덩컨의 의도였지.

또한 덩컨은 당시 매우 자유로운 연애를 했는데,

그녀의 자유로운 삶은 많은 비난을 받았고,

결혼하지 않은 채 세 명의 아이를 낳았지만 모두 잃었지.

그녀의 일생은 영예와 불행이 교차하는 삶이었지만,

그녀 덕분에 이후로 많은 위대한 여성 무용가가 탄생했고,

수많은 무용가들이 다양한 스타일의 춤을 선보이며 현대 무용을 탄생시켰어.

발레가 아니면서 모던한 춤.

로이 풀러는 덩컨과 비슷한 시기에 활동한 무용가로,

*로이 풀러(Loie Fuller, 1862년~1928년)

원래 어린이를 위한 노래와 이야기를 하던 배우였는데,

어느 날 우연히 실크 스카프를 가지고 놀다가,

스카프와 빛의 아름나움에 감탄하여 춤으로 형상화했지.

이 스카프에 빛을 비추면 얼마나 아름다울까?

풀러의 춤 자체는 매우 단순했지만 스카프와 조명이 주는 화려함이 관객들을 사로잡았어.

풀러는 그녀를 따라하는 모방자들이 생겨나자,

40여 명의 기술자를 데리고 비밀리에 연구를 하기도 했어.

풀러는 라듐을 발견한 퀴리 부부에게 편지를 썼는데,

어둠 속에서 빛이 나는 라듐의 성질을 이용해

라듐의 형광 물질이 마법 같은 효과를 내는 '라듐 댄스'를 만들었어.

유럽인들은 그녀의 단순하면서도 장식적인 춤에 감탄했고,

당시 널리 퍼지던 예술사조인 아르누보(Art Nouveau)를 대표하는 춤으로 추앙했어.

로댕이나 알렉산더 뒤마 같은 예술가들은 그녀를 찬미했지.

풀러는 천재!!

풀러는 테크놀로지를 적극 이용한 셈이야.

우린 함께 가는 거야

*아르누보: 전통적 예술에 반발하고 식물의 곡선적인 아름다움을 따르는 장식 양식.

그녀는 유방암으로 사망했는데, 라듐에 과다하게 노출되어 암에 걸렸다는 설도 있어.

영영 같이 가자며.

당시엔 이런 화학 물질이 암을 유발한다는 게 알려지지 않았기 때문에 풀러도 무방비로 노출된 것이지.

다 나 때문에……

또 다른 무용가 루스 세인트 데니스는 로이 풀러, 이사도라 덩컨과 비슷한 시기에 활동했는데,

춤의 스타일은 완전히 달라.

동양에 대한 관심이 많았던 그녀는 인도와 이집트 고대 무용의 영향을 받았어.

*루스 세인트 데니스(Ruth St. Denis, 1879년~1968년)

그녀는 뉴저지에서 태어나 평범한 교육을 받았지만,

후에 미국 현대 무용을 성장시키는 학교를 설립해 많은 무용수들을 배출하지.

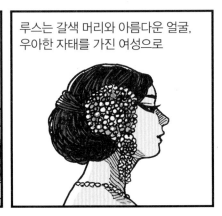
루스는 갈색 머리와 아름다운 얼굴, 우아한 자태를 가진 여성으로

발레 수업을 세 번 듣고는 그만둔 후, 스스로 무용을 익혔어.

발레는 안 되겠어. 혼자 해야겠다.

극장에 대한 본능적인 감각을 갖고 있어서, 어떻게 하면 자신이 매력적으로 보이는지 잘 알고 있었어.

20세기 초 유럽인들은 동양의 원초적인 삶에 대해 관심이 많았고,

심지어 고갱은 타히티에서 그림을 그리며 생을 마감했지.

데니스는 우연히 광고에 나온 인도 여신의 그림을 보고 깊은 인상을 받아,

'라다'라는 인도의 여신상을 작품으로 만들지. 그녀는 직접 여신상으로 분장해 거의 일분 동안 꼼짝하지 않는데,

사람들은 이것이 정신적인 동양 문화의 아름다움을 보여 준다고 생각했어. 또 그녀의 이국적인 외모도 사람들의 마음을 움직였지.

그녀는 테드 숀이라는 열네 살 연하의 무용수와 사랑에 빠져.

테드 숀은 어릴 때 디프테리아 치료의 부작용으로 다리가 마비되었는데,

그걸 치료하기 위해 시작한 무용에서 뛰어난 재능을 보였어.

나 무용할래

그는 부모의 반대를 극복하고 무용수가 돼. 당시에는 남성이 무용수가 되는 것에 편견이 많았어.

말도 안 돼

남자가 무슨 무용이야!!

안 돼!

No

사람들은 춤은 여성적인 거라고 생각했지만, 숀은 매우 활기차고 남성적인 춤을 췄지.

그는 나중에 대학에서 학생들을 가르치며 남성 무용단을 창단하는데,

이 남성 무용단의 탄생은 남성 무용에 대한 인식을 완전히 바꾸어 놓았지.

무용계에 매우 획기적인 사건이다.

또 아직도 그가 기획했던 무용제가 미국에서 열리고 있어.

그의 활약 덕분에 현대 무용에 남성 무용가들이 많이 등장하게 됐지.

데니스와 숀은 부부가 되어 학교를 운영하며 무용수를 배출했지만,

1931년 결국 헤어지고 각자의 길을 갔지.

데니스는 학생들을 가르치며 아흔 살까지 강연을 했고,

열정은 춤의 원동력

숀은 미국 무용계의 아버지로 불리며 남성 무용수들을 키웠어.

이 데니숀 학교에서 2세대 현대 무용가들이 대거 탄생했는데, 바로 마사 그레이엄과 도리스 험프리, 그리고 그녀의 남편 찰스 와이드만 등이야.

마사 그레이엄은 미국 현대 무용의 대모라고 불려.

마사 그레이엄
(Martha Graham)

도리스 험프리
(Doris Humprey)

찰스 와이드만
(Charles Weidman)

1세대인 이사도라 덩컨이 현대 무용의 길을 열어 주었다면,

마사 그레이엄은 자신만의 스타일을 완성한 사람이지.

미술계에 피카소, 음악계에 스트라빈스키가 있다면 무용계에는 마사 그레이엄이 있다고 할 정도였어.

*마사 그레이엄(Martha Graham, 1894년~1991년)

그레이엄은 미국인으로서 최고의 영예인 자유의 메달을 받았고, 미국 정부가 지원하는 문화사절로 세계를 방문한 최초의 무용가야.

미국인들이 자랑스러워하는 예술가지!

그레이엄은 신경정신과 의사인 아버지 밑에서 매우 엄격한 교육을 받았는데,

그래서인지 그녀의 작품들은 심리적이면서도 상징적이야.

22세에 데니숀 무용 학교에 들어가 이사도라 스타일의 춤과 루스 세인트 데니스의 동양풍 무용을 배우지만,

7년 후 자신의 예술을 찾아서 떠나,

난 미국적인 춤을 찾을 거야.

뉴욕에 마사 그레이엄 현대 무용 학교를 설립했고,

70년 동안 많은 작품을 안무하고 출연했어.

그녀의 작품 주제는 3기로 나누어져.

1기는 인간 감정의 표현을 주로 했어. 덩컨처럼 보편적이고 추상적인 것이 아니라 개인적이고 특징적인 감정을 표현했지.

2기는 미국적인 주제를 표현했어. '무용은 뿌리를 둔 그 나라의 정신을 나타낸다.' 라고 주장했지.

그레이엄의 전성기로 꼽히는 3기는 그리스 신화를 주제로 하면서 독특하게 융의 정신 분석 이론을 이용해 심리극을 만들어.

즉 그녀는 신화를 춤으로 재해석했는데,

대표작인 〈마음의 동굴〉은 그리스 신화의 악녀 메데이아를 주제로 해.

메데이아 공주는 집요하고 표독한 성격이었어.

그런데 황금 양털을 찾아 궁에 온 이아손을 왕이 죽이려 하자,

그에게 반한 메데이아는 동생을 죽이고 이아손과 함께 탈출하지.

이아손의 아이를 낳은 메데이아는 남편의 왕위를 되찾기 위해 마법을 쓰는데,

이아손이 그녀를 배신하고 다른 공주와 결혼하려고 하자

신부는 물론이고 자신이 이아손과의 사이에서 낳은 아이들까지 모두 죽여 버리지.

그레이엄은 이 메데이아의 분노와 질투, 증오와 파멸을 춤으로 보여 주었는데, 매우 심리적이고 진지해서 관객을 몰입하게 만들었지.

유명한 디자이너 이사무 노구치는 그녀의 무대를 단순하지만 매우 상징적으로 만들었어.

*이사무 노구치(Isamu Noguchi, 1904년~1988년)

또 그녀가 표현한 '수축과 이완'이라는 기술은 복부에 칼을 맞은 것처럼 수축했다가 다시 바른 자세로 돌아가는 동작인데,

몸의 중심축을 무너뜨리면서 매우 극적인 효과를 주어, 극적인 감정을 표현했지.

그레이엄은 아름답고 착한 여성의 모습을 거부하고,

인간의 복잡하고 어두운 내면을 춤으로 표현했어.

춤을 더욱 표현적이면서 지적인 예술로 한 단계 끌어올렸지.

또 한 명의 위대한 현대 무용가는 도리스 험프리야.

어린 시절 안나 파블로바의 춤에 감명을 받아 무용가의 길로 들어선 그녀는

나도 커서 이 사람처럼……

데니숀 무용 학교에서 십 년 넘게 공부하다가,

원투   원투

*도리스 험프리(Doris Humprey, 1895년~1958년)

데니숀의 작업을 거부하고 자신의 무용단을 창단했어.

흥!

너무 인위적이야.

험프리는 개인적인 감상에 빠지지 않고 인간과 사회의 관계에 초점을 맞췄어.

탁

인간과 사회

그래서 험프리의 춤은 매우 민주적이야. 클래식 발레의 군무진은 무대에서 별로 관심을 받지 못하는데,

험프리는 군무가 들러리가 되지 않게 모두 무용수들에게 역할을 주었어.

너는 A, 너는 B, 너는 C……

그녀는 움직임의 기본을 '균형'으로 보고, '낙하와 회복'이라는 기술을 만들었는데,

낙하와 회복

바닥으로 갑자기 떨어졌다가(낙하: 균형을 잃음), 다시 이전으로 돌아가는(회복) 것을 말해.

데굴

그녀는 모험심도 강해서 아무런 반주 없이 춤을 추는 실험을 하기도 했어.

'빨강의 춤.·

그녀의 작품 〈셰이커교도〉는 결혼을 반대하고 남녀를 엄격히 격리한 셰이커교도를 소재로 했는데,

종교적인 열망과 남녀의 분리에서 오는 불안감을 표현하고자,

무용수들은 몸을 마구 떨어댔지.

험프리의 스텝이나 동작에는 나름의 규칙성을 띄어.

〈물의 연구〉는 파도와 물의 움직임을 음악 없이 무용수들 자신의 숨소리와 움직이는 소리에 맞춰 춤추며 표현했지.

험프리는 불행히 50세가 되기도 전에 관절염이 악화되어 무용을 그만두고 책을 썼어.

예술가로서의 생애는 길지 않지만,

호세 리몬이라는 제자를 통해 자신의 춤의 철학을 전수했지.

*호세 리몬(José Limón, 1908년~1972년)
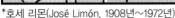

호세 리몬 무용단과 학교는 아직도 건재하며,

험프리의 작품은 잘 보존되어 무대에 올려지고 연구되고 있어.

한편 이렇게 현대 무용이 미국과 독일을 중심으로 뿌리내리는 동안

발레 역시 뼈아픈 과정을 통해서 새롭게 탄생하는데,

비현실적인 얘기를 버리고 모던하게 재탄생하자!

20세기 초 발레 뤼스가 혁신적인 안무로 유럽에 충격을 주었어.

발레 뤼스는 디아길레프라는 흥행사가 만든 무용단인데.

그는 '나는 영리하지만 협잡꾼이다. 두 번째는 마법사다. 세 번째로는 아무도 무서워하지 않는다. 나는 예술의 수호자로서의 소명을 발견했다.'라고 했어.

*세르게이 디아길레프(Sergei Pavlovich Dyagilev, 1872년~1929년)

타고난 기획자였던 그는

예술가들에게 '나를 놀라게 하라.'라고 주문했고,

이걸로

혁신적인 아이디어

극장에서 스캔들이 일어나는 것을 좋아했으며,

사람들이 표를 더 많이 사게 될 거야.

피카소, 박스트, 마티스, 샤넬, 달리, 드뷔시 같은 당대 최고의 예술가들을 끌어 들여 발레를 혁신적으로 만들었지.

피카소가 발레 뤼스를 위해 초현실적인 의상을 만들었고,

마티스가 발레 뤼스를 위해 스케치를 그렸어.

발레 뤼스에는 포킨이라는 천재 안무가가 있었는데,

그는 황실발레학교와 황실발레단에서 발레를 익혔지만, 지나치게 테크닉에 치중한 발레가 표현력을 잃어가는 것을 걱정했어.

테크닉, 의상, 음악······ 이런 부수적인 것이 무슨 의미인가?

발레 표현력

궁중 발레

*미하일 포킨(Michel Fokine, 1880년~1942년)

무용수들이 기술 경쟁을 할 때,

발레는 묘기가 아니다.

그는 〈유니스〉라는 작품에서 무용수들을 그리스 동상처럼 맨발로 춤추게 했는데,

보수적인 극장들은 매우 반대했지.

맨다리로 춤을 추다니, 외설스럽다!

결국 무용수들의 타이즈에 맨발처럼 보이도록 그리는 것으로 타협을 봤어.

······

자연스럽고 표현력 있는 발레를 꿈꿨던 포킨에게는 슬픈 경험이었지만,

이게 뭐야.

발레 뤼스에서 자신의 꿈꾸던 발레를 만들어 1914년에 새로운 발레 이념을 발표했지.

발레 혁신

1914년

주제와 시대에 맞는 새로운 움직임의 창조, 표현 강조 등을 주장한 이념이었지. 그의 작품 〈불새〉, 〈페트루슈카〉, 〈장미의 정령〉 등은 현대 발레의 방향을 제시했어

그는 현대 무용의 등장에도 사라지지 않는 발레의 새로운 시대를 열어 준 사람인 거야.

춤을 통해 남성과 여성의 역할을 가르치다

춤의 중요한 기능 중 하나는 바로 사교적·공동체적 기능입니다. 사교의 기능이라고 하면 궁중의 무도회에서 젊은 남녀가 춤추는 것을 떠올리기 쉬운데, 사실 춤의 사회적 기능은 보다 넓게 이해해야 합니다. 그 사회에서 어떤 이유로 무엇을 위해 춤을 추는가를 살펴보면 그 사회에 대해서 많은 것을 알 수 있지요.

가령 중동에는 남자아이가 할례를 받을 때 춤을 추는 문화가 있고, 아프리카에는 장례식에서 춤을 추는 문화가 있습니다. 푸에르토리코에서는 세례식에 춤을 추고, 유태인을 비롯한 많은 문화권에 결혼식 때 춤을 추는 문화가 있습니다. 이런 춤들은 나름의 독특한 형태를 갖추고 전통으로 내려오면서, 한 세대와 다음 세대를 연결하는 중요한 고리 역할을 합니다.

이런 사회적인 춤은 개인의 즐거움이나 표현보다는 한 사회 속의 구성원임을 나타내는 행동이기 때문에 관습적으로 배워야 하는 춤입니다. 우리나라는 신체 활동을 부정적으로 생각하고 남녀의 차이를 엄격하게 규정하는 유교적 사상 때문에 춤이 교육의 수단으로 자리 잡지 못했지만, 서양의 경우 그리스·로마 시대 때부터 귀족들은 우아한 몸가짐이나 전투에서의 훈련, 지도자로서의 수양을 위해 춤(움직임)을 배우는 학교에 보내졌다고 합니다. 중세에도 궁중 예절이나 사

들라크루아의 〈모로코에서의 유태인의 결혼식〉.

교 활동을 위한 춤은 핵심적인 교양이었기에, 마치 외국어나 다도를 배우는 것처럼 무용 교사를 두고 자녀들을 가르쳤지요. 예를 들어 남성들은 의젓하고 당당하게 여성을 잘 리드하는 몸가짐이라든지, 여성들은 단정하면서도 우아하게 춤추는 것을 배워야 했지요. 따라서 이런 사교적인 춤은 한 세대

가 다음 세대에게 남성으로서, 혹은 여성으로서 어떤 몸가짐과 행동을 해야 하는지 보여 주는 성역할의 교육을 담당한 것이랍니다.

흔히 커플 댄스라 불리는 남녀의 춤은 서양 역사에서는 꽤 깊은 전통을 자랑합니다. 17세기 바로크의 대표적인 춤인 미뉴에트나 지그 같은 춤들은 남녀가 대칭적으로 패턴을 그리는 춤인데, 신체 접촉이 거의 없고 춤도 거의 발의 스텝만으로 이루어져 점잖고 느리고 우아합니다. 하지만 시대가 변하고 이성의 만남에 대해 사회가 관대해지면서 춤도 더욱 대담해집니다. 왈츠는 남녀가 마주 보면서 거의 껴안은 형태로 춤을 추는데, 이런 춤이 등장했다는 것은 이성의 접촉과 로맨스에 대해 그 사회가 열려 있었다는 증거가 되기도 합니

르누아르의 〈부지발의 무도회〉.

다. 실제로 19세기는 '사랑'이 문학과 음악의 주소재가 되었던 시기였지요.

왈츠의 이런 적극적이고 로맨틱한 면 때문에 19세기에 유럽에서 유행하면서 젊은 남녀들을 왈츠 열풍으로 몰아넣었고, 베버나 슈트라우스 등 많은 음악가들이 왈츠곡을 썼지요. 당시에 왈츠는 남녀 간의 자극적인 춤이라는 비판도 많이 받았어요. 왈츠에 빠져 아이들을 돌보지 않아 '왈츠 고아'라는 말이 등장하기도 하고, 왈츠를 추는 여성과는 결혼하지 않겠다고 선언한 남성도 있었다고 하네요.

5장 자연과 조화롭게 어우러진 한국 전통 무용

서양에 발레가 있듯이 우리나라에도 전통 춤이 있어.

Hi

안녕

대표적인 한국 전통 춤에는 무엇이 있을까?

대표

부채춤이 먼저 떠오르니?

하지만 부채춤은 한국 전통 춤이 아니야. 이건 매우 흔한 오류인데,

무당이 굿할 때 부채를 들긴 하지.

쉬쉬

부채춤은 20세기 초반 최승희, 김백봉에 의해 창작된 춤이야.

동서지간이자 내 제자얌~

최승희

김백봉

서양식의 무대에 맞게 대형이나 의상이 화려하고 춤도 여성스러워.

장고춤이나 화관무 등도 궁중 무용이나 민속 무용에서 아이디어를 얻어 창작된 춤인데,

화관무

장고춤

서양 무용의 영향을 받아 분위기가 화사하고 동작이 크지.

우리의 전통 춤은 소박하면서도 정중동의 아름다움이 있어.

발레가 일정한 포즈가 있고 시각적인 아름다움이 강조된다면,

한국 춤은 춤추는 사람의 호흡이 중요하고 동작이 유연하게 연결돼.

흐르는 물처럼!
~

몸을 자연스럽게 구부려서 등이나 관절을 억지로 늘이거나 펴지 않기 때문에 움직임이 부드럽고 곡선적이야.

한국 춤은 궁중 무용과 종교적인 행사에서 추던 의식 무용, 민간에서 사람들이 평소에 추던 민속 무용으로 나눌 수 있어.

국가의 제사를 지낼 때 추던
문묘제례악무

불교 의식 무용
바라춤

농악이나 탈춤 같은
민속춤

궁중 무용과 의식 무용이 정해진 절차에 따르는 예법을 강조한다면, 민속 무용은 서민들의 삶을 그대로 반영하는 자유로움이 있지.

우리나라의 춤은 정확한 기원을 알 수 없지만

고대 종교 의식에서 비롯되었어. 단군 신화를 보면 신단에 제사를 드리고 춤과 음악을 즐겼다는 기록이 나오는데,

이를 제천행사라고 해.

*제천행사(祭天行事): 하늘을 숭배하고 제사하는 의식.

특히 농경 사회로 접어들면서 기후나 날씨에 민감해지자,

이런 제천행사는 더욱 중요해졌지.

이런 제의적 형태로서의 춤의 기원은 세계 어느 곳이나 비슷하지만

우리는 토속 신앙이 문명화된 이후에도 그 의미가 사라지지 않았어.

불교에도 춤과 음악으로 올리는 의식 무용이 있는데,

영산재는 특히 중요한 의식으로 음악·무용 요소를 많이 갖고 있어.

영산재에서 추는 바라작법, 나비작법, 법고작법이 민속 무용인 승무, 바라춤으로 발전했지.

승무 / 바라춤
나비작법
바라작법
법고작법

오늘날에도 이어지는 추석이나 단오도 제천의식에서 유래됐어.

고대 제천의식

단오는 음력 5월 5일로 모내기를 마친 시기야.

농사에서 가장 중요한 것 중 하나겠지?

삼한시대에 씨를 뿌린 후 하늘에 제사를 드리면서

음식과 술을 먹으며 춤추고 노래를 했지.

연씨구
지화자
으라차

수십 명이 줄을 지어 몸을 구부렸다가 세웠다 하면서 장단을 맞추며 춤을 추었는데,

마을 전체가 함께 하는 공동체 의식이었어.

마을 공동체

특히 여성들의 놀이 문화가 발달했는데, 신윤복의 〈단오 풍경〉에도 잘 나타나 있지.

진품?!

그런데 지방마다 단오를 나타내는 재미있는 말들이 있는 걸 아니?

퀴즈쇼

음력 5월 5일은?

경상북도에서는 며느리 날, 강릉에서는 과부 시집가는 날이라고도 하는데,

며느리날
과부 시집 가는 날
경상북도
강릉

이날만큼은 여성들이 마음껏 놀고 춤출 수 있었던 거야.

와 해방 이다

이처럼 제천의식은 이름이 바뀌면서 근대에까지 계속 돼.

그런데 왜 우리나라의 무속 신앙은 사라지지 않았을까?

무속 신앙은 불교가 들어오기 전까지 유일한 종교였어.

신라가 불교를 국교로 정하고 조선이 강력한 유교 국가였음에도

무속 신앙은 사람들의 삶과 깊이 연관되어 있었어.

일제 강점기와 광복 이후 무당을 탄압하고 천시해 지금은 많이 사라졌지만,

질병을 치료하고 마을의 대소사를 치르는데 무당에게 중요한 존재였지.

굿은 신을 모실 때나 보낼 때 노래와 춤을 추는데,

이때의 춤은 망자나 신을 현세의 사람과 연결해 주는 통로로,

춤을 통해 신이나 망자를 만나서 문제를 해결할 수 있다고 믿었어.

굿이 벌어지면 마을이 축제 분위기가 되어 춤판이 벌어졌고,

사람들은 스트레스를 풀며 마음껏 춤추며 먹고 마실 수 있었어.

'춤추는 며느리 보기 싫어 굿 안 한다.'
라는 말이 있을 정도야.

또 다른 우리나라의 춤은 국가 축제에서의 춤을 들 수 있어. 국가의 축제는 춤을 가장 자유롭게 출 수 있는 기회인데, 이는 전 세계적으로 마찬가지였지.

삼국 시대에는 불교가 국교로 정해져서,

나라에서 연등회, 팔관회라는 대대적인 국가 축제를 열었어.

연등회는 2월 보름날 왕이 절에 가서 향을 올리고,

임금과 신하가 함께 즐기면서 불덕을 기렸던 행사인데,

연등의 수가 밤을 밝힐 정도로 많아서 장관을 이루었다고 해.

고려 성종 때 이런 행사가 너무 사치스럽다는 상소가 올랐을 정도야.

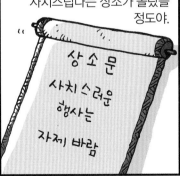

반면 팔관회는 겉으로는 불교의 색채를 띠지만, 내용상으로는 무속 신앙에 가까운 거대한 국가 축제야.

천령(天靈)·5악(五岳)·명산(名山)·대천(大川)·용신(龍神) 등의 토속신에게 제사를 지내는 의식이었지.

신라 진흥왕 12년(551년)에 처음 행해졌고,

고려 때 연등회와 함께 국가의 2대 의식이 되었어.

토속신 제1인

연등회

이는 각 부족의 종교 의식을 단일화해 중앙집권화를 공고히 할 수 있었지.

종교가 하나가 됩니다

이때만큼은 성문을 개방해서 백성들이 궁궐을 구경할 수 있었고,

오늘은 특별한 날이니 성문을 열어라!

신하들이 특산물을 왕에게 바치면 왕이 전문 무용인의 춤을 보이며 대접했어. 이때는 각국의 사람들이 무역도 할 수 있었어.

춤을 볼 수 있는 쿠폰이요~.

왕에게 바치는 곳

오랜만에 모인 귀족과 왕족들은 정치 이야기를 나누었고,

4대강이 글쎄-

허허허

때론 암살 같은 음모가 계획되기도 했어.

이성계를……

공식 행사 뒤의 궁중 행사에서는 전문 공연인이 춤을 추었고,

행사가 끝난 뒤엔 탈춤이나 산대극이 매우 인기를 끌었다고 해.

얼쑤

하지만 팔관회는 조선시대에 숭유억불정책에 의해 폐지되지.

필요 없어

숭유억불 정책

휴지통

우리나라의 춤은 특징은 무대가 따로 없다는 거야. 궁중 무용은 주로 궁궐의 뜰에서 추어지고,

관계자외 출입금지~!

관객과 공연자가 안전 격리돼~

민속춤은 마당이나 많은 사람이 보기 좋은 산기슭 비탈진 곳에 임시로 대를 쌓아 했는데, 이 임시 극장을 '산대'라고 해.

탈을 쓰고 줄거리가 있는 공연을 가리켜 '산대극'이라고 이름붙였지.

고려시대 매우 성황 이었어~

의식 무용 중에 특이하게도 '일무'라는 것이 있어.

일무?

일무는 궁중에서 추던 춤인데 일반 연희에서 추는 것이 아니라,

춤을 춰 볼까~!

딩오와~

공자, 맹자 같은 중국의 성현과 왕가의 조상들을 기리는 제사에서 추는 춤이야.

여긴 우리나라 아니다 헤~!

저 자식이~

일무는 고려시대 때 중국에서 들어와 정착했어.

일무

여기 정착 해야지

고려

일무는 중요한 사람일수록 그 규모가 커지는데,

일무도 안바라 뽑초나 좀...

가장 큰 팔일무(8열 8행으로 64명이 추는 춤)는 천자(왕)를 위한 것이고, 4명이 추는 이일무는 선비를 위한 제사에서 추는 거야.

일무는 그들에 대한 존경을 담아 매우 정중하게 추어지지.

일무는 공자, 맹자, 안자, 증자, 설총, 최치원 같은 중국과 우리나라의 성현을 위해 추는 문묘제례악무가 있고,

조선의 역대 왕들을 위해 추는 종묘제례악무가 있어. 이 두 가지 모두 매우 조직적이고 장중한 춤이지.

제사가 아니라 연희에서 추는 춤을 궁중 정재라고 해.

정재(呈才)는 '군왕에게 춤과 노래를 바친다.'는 뜻으로

궁중 예법을 매우 강조하고,

개인의 표현이나 창작성은 찾기 힘들어.

음악도 느리고, 춤도 반복적인 동작이 많아.

화려한 의상과 머리 장식을 하고 추는 춤이 많지.

정재는 나라의 경사나 국빈을 위한 연희 등에서 추어졌어.

왕실의 존엄함을 찬양하고 나라의 평안함을 비는 내용을
담았는데, 의상의 색이나 춤의 공간 구성에는
유교의 사상인 음양오행설이 기초가 되었지.

그렇다면 이런 춤은 누가 추었을까?

정재는 나라의 중요
예법인 만큼 나라에서
엄격하게 관리했어.

고려시대에 기녀(妓女)들을 중심으로 춤과 노래를
관장하는 '교방'이라는 기관이 있었는데,

조선시대에 와서 춤과 노래를 담당하는
부서인 '장악원'에 소속되었지.

정재를 추는 사람도 엄격하게
뽑았어.

정재는 각각의 연희의 성격에 따라,

규모와 춤이 결정되었어.

정재는 왕이 베푸는 것이라고
여겨 몹시 영광스러운
것이었기 때문에,

왕이 직접 정재를 고르는 일도 있었어.

서양의 춤은 움직임으로 내용을 설명하잖아?

사랑이 끝나서 슬프다...

하지만 우리의 궁중 춤에는 별다른 스토리가 없어.

無

Story

춤을 추기 전에 노래로 춤의 내용을 설명하고,

이 춤으로 말 할 것 같으면...

춤 자체는 내용과 관계없는 경우가 많아.

흥겹긴한데...

이야기따로 몸 따로...

물론 왕의 장수를 기리는 '만수무강' 같은 글을 쓰기도 했지만

만수무강

글로리!

움직임 자체에는 구체적인 표현은 없다고 봐야 해.

역시

쑤욱!

無

Story

정재에는 향악 정재와 당악 정재가 있어.

당악 정재

향악 정재

당악 정재는 중국 송나라에서 유입된 춤이거나 중국의 영향을 받은 춤이야.

고려문종

살금살금

당악 정재

중국에서 건너온 음악으로 반주를 하며 절차도 복잡하지.

그거 다 풀면 한 번 만나 줄게~

헉

당악 정재

'죽간자'란, 붉은 칠을 하고 실과 구슬로 장식한 2~3미터의 긴 나무를 말하는데,

길다...

두 명의 무용수가 죽간자를 들고 무대의 양쪽 끝에서 서서 춤출 경계를 만들어. 즉, 가상의 무대를 만드는 셈이지.

당악 정재의 대표작으로는 〈포구락〉이 있어.
고려 때 교방의 초영이 구성한
여자 군무인데,

무용수들이 두 편으로 갈라져
춤추고 노래하다가,

'풍류안'이라 부르는 틀 안에
공을 넣는 놀이 형식의
춤이야.

공을 넣으면 상으로 꽃을 주고, 공을 못 넣으면 벌로 얼굴에
먹점을 찍었어.

놀이의 즉흥적인 면과 우연성이 살아 있어서 긴장감이 있고
재미도 있던 이 춤은

무려 천 년 동안 꾸준히 사랑받으면서,

궁중에서 지방 곳곳으로 뻗어나갔지.

진주 지방에 정착한 〈진주포구락무〉는 무형문화재로 지정된
궁중 무용 중 하나야.

이에 비해 향악 정재는 신라 때부터 전해 내려온 고유한 정재야.

형식도 당악보다 소박하고 아기자기해서,

향악은 어찌 그리 아기자기한고

당악 향악

죽간자도 없고 춤의 앞뒤에 소박한 절을 올릴 뿐이지.

....

유지통

그러나 원래는 우리말로 노래를 불렀는데,

아리랑 ~ 아리랑 ~

향악

조선 순조 때부터 노래도 한문으로 바뀌고,

한문으로 바꾸거라

헐

향악

순조

죽간자도 들게 해서 당악 정재와의 구분이 모호해졌어.

뭐야 이건

원~

향악

냥~

중국의 것이 무조건 좋다는 사대주의 사상 때문이야.

대표적인 작품으론 〈처용무〉를 비롯해 〈가인전목단〉, 〈선유락〉, 〈춘앵전〉 등이 있어.

처용무 가인전목단 선유락 춘앵전

향악

〈춘앵전〉은 조선 순조 때 효명세자가 왕후의 40세 생일을 기념해 만들도록 한 정재인데,

BIRTHDAY

효명세자는 꾀꼬리 소리에 도취되어 이를 춤으로 만들게 했어.

저 꾀꼬리 소리를 춤으로 만들거라.

예~ 예~

군무가 많은 궁중 무용에서 몇 안 되는 독무(혼자 추는 춤)야.

바닥에 돗자리를 깔고 추는데, 춤이 돗자리 밖으로 빠져 나가지 않을 만큼 얌전하면서도 시적이지.

낙-

무용수는 화관을 쓰고 꾀꼬리를 상징하는
노란색 앵삼(긴 겉옷)을 입었어.

하지만 정재는 궁중에서
흘러나가 지방관아에까지
전파됐지만 일반 민중과는
관계가 없었지.

서양의 궁중 무용은 남자가
먼저 추었다고 했지?

왕족과 귀족이
먼저 추었지.

우리나라도 가무에
재능 있는 어린 남자아이들을
뽑아 양성했는데,

너 가무
해 볼
생각 없냐

이를 무동이라고 하며,
여성 무용수들과 함께
궁중 춤을 담당했어.

김홍도의 〈무동〉이라는 그림에
잘 나타나 있지.

무동 정재는 일제가 장악원을
폐지하면서 사라졌다가,

장악원

1923년에 잠시 이름을 바꾸어 열세 명을
뽑은 것이 마지막이야.

조선왕조
마지막 황제
순종의
탄신일

이때 몇 가지 궁중 춤을 무동들에게
가르치고 정비했지만,

치이익

무동

이미 국력이 기울어진 탓에 궁중 춤들이 많이 축소되고 사라져 버렸어.

돌아가신 최후의 무동
김천흥 선생이 꾸준히
궁중 무용을
전달하셨었지.

*중요무형문화재 제1호
종묘제례악 해금, 일무 기능 보유자.

궁중 무용과 대비되는 민속 무용은 일반 백성들이 추던 춤으로,

오랫동안 추면서 다듬어지고 발전한 것인데,

의식 무용이나 궁중 무용처럼 형식적인 면은 거의 없고 매우 자유롭지.

대표적으로는 농악, 탈춤과 같이 놀이성이 강한 춤이 있고,

지게 목발 춤이나 오북춤, 강강술래처럼 농사나 일상의 노동에서 시작된 노동 무용도 있어.

특히 탈춤은 탈을 쓰는 익명성과 누군가를 익살맞게 표현하는 상징성이 있어, 사회 비판 기능을 갖고 있었어.

백성들이 평소에는 억울하고 불공평한 일이 있어도 말하지 못하다까,

천한 것

탈춤을 통해 표현하고 해소할 수 있었지.

자기 뱃속만 채우는 양반 놈들!

가령 몰락한 양반이 등장해 양반 계층을 풍자하고,

삐긋

뇌물

파계승이 등장해 땅에 떨어진 도덕성을 보여 주고,

짜잔~

아내 외에 첩을 갖는 것을 비난하기도 했어.

감히 첩이 윈 말이냐!

표현이 매우 솔직하고 해학적이어서,

풍자

자 과장 풍자 과장 풍
풍자 과장 풍자 과장
풍자 과장 풍자 과
풍자 과장 풍자 과장

시간이 흐른 지금에 와서도 중요한 예술적 · 사회적 자료가 되지.

예술적 · 사회적 자료

또 민속 무용에서 파생된 춤으로는 살풀이와 승무가 있어.

살풀이는 '액을 제거한다'는 우리말로, 굿에서 파생된 춤인데,

제거 대상

철컥

액

액

이를 예술적으로 가다듬은 게 오늘날의 살풀이야.

깎을 머리가 없는데…

지이잉

다듬어 주세요.

머리에 곱게 비녀를 꽂고 흰색 치마저고리를 입고 하얀 명주 수건을 들고 춤을 추는데,

하얀 수건이 길게 공중을 가르는 아름다움이
멋스러워.

살풀이는 죽은 사람의 넋을 기리고, 후에 이별한 넋과 다시
만나기를 희망하는 정서를 표현하지.

승무는 무복과 장삼을 입고 추는 불교색이 남아 있는 춤인데,

기원이
확실하지 않아.

처음에는 조용한 염불로
시작해서 점점 빨라지다가.

나무아미
타불.

관세음
보살…

뒤에는 흥겨운 북 놀이로 마감하는
극적인 구성이야.

장삼 안에 북채를 들고 추기
때문에,

장삼이 길게 공중을 날면서 마치
동양화 같은 선과 여백을 보여 주지.

조지훈의 시 '승무'에 이런 아름다움이 잘 표현되어 있어.

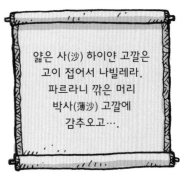

얇은 사(沙) 하이얀 고깔은
고이 접어서 나빌레라.
파르라니 깎은 머리
박사(薄沙) 고깔에
감추오고….

20세기 초 서양의 춤이 유입되면서 우리나라의 춤에도 변화가 생겨.

일제가 장악원을 폐지하고 무속 행사를 못하게 하는 등 궁중 무용과 민속 무용의 맥을 끊자,

춤은 기방의 기녀들 사이에서 근근이 살아남게 돼.

대신 일제를 통해 서양 춤이 유입되어 조택원, 배구자 같은 선구자가 등장했어.

서양 춤의 영향을 받아 '신무용'이 탄생하는데,

최승희라는 걸출한 스타가,

한국의 춤을 서양 무대에 맞게 창작하여, 춤이 예술임을 처음으로 보여 주었지.

최승희는 뛰어난 미모와 연기, 춤 실력으로 엄청난 인기를 얻었고,

일본은 물론 유럽에까지 한국 춤을 널리 알렸어.

오늘날 전통 춤은 문화재로 지정되어 보존되고 계승되는 한편,

한국의 창작춤은 현대 무용처럼 다양하게 발전하고 있지.

노예 제도와 춤

춤은 그 사회의 가치와 관습을 반영하는 중요한 문화입니다. 무엇보다 춤은 사람의 몸에서 몸으로 전수되는 것이기에, 사회 구성원들이 그 지역을 떠나더라도 춤은 함께 이동합니다. 예컨대 오늘날 전 세계적으로 유행하는 탱고는 부에노스아이레스의 변두리 빈민가에서 탄생했습니다. 자기 나라를 떠나 남의 나라에서 노동을 하던 가난한 이민자들이 모여 만들어낸 춤이지요. 여러 인종이 섞인 탓에 유럽의 음악과 아프리카 춤의 리듬감 등이 모두 얽혀 탱고라는 독특한 춤과 음악이 탄생된 것이지요. 이민자의 경우에는 자발적인 이동이지만, 본인의 의사와 상관없이 나라를 떠나야 하는 일들이 역사 속에는 많이 있습니다. 특히 아프리카에서 살던 평범한 사람들을 강제로 끌고 가 노예로 만든, 잔혹한 서구의 노예 제도를 빼놓을 수 없죠. 그리고 이 아프리카인들의 거대한 이동은 아프리카 음악과 춤의 영향력을 전 세계에 뿌려놓았습니다.

아프리카계 미국인들이 춤을 추고 있는 18세기 후반의 그림 〈The Old Plantation〉.

가스펠, 재즈를 비롯해 오늘날의 힙합까지, 세계의 춤과 음악을 얘기할 때 빼놓을 수 없는 것이 아프리카의 영향력입니다. 우리는 뭉뚱그려 '아프리카'라고 하지만 아프리카는 거대한 대륙으로, 그 춤의 다양성은 상상을 초월합니다. 이들이 노예로 끌려와 함께 섞여 있게 되면서, 각자의 고향에서 가져온 춤과 노래가 융합되고 발전되어 독특한 형태가 된 것이지요.

아프리카에서 온 노예들은 대부분 농장에서 일했는데, 강제로 고향을 떠나온 이들에게 춤과 노래는 힘들고 지친 삶을 위로하는 힘이 되었습니다. 농장주들은

그들의 노래와 춤을 금지시켰지만, 이들은 아프리카의 전통 춤의 요소를 가져와 발을 구르고 박수치며 노래하는 자신들의 독특한 춤 문화를 만들어 갔고, 이를 본 서양인들은 정해진 박자와 패턴으로 춤추는 자신들의 춤과 달리 매우 즉흥적이고 역동적인 이들의 춤에 점차 매료되었습니다.

한편 1830년에는 '짐 크로우'라는 애칭의 한 백인 연기자가 얼굴에 흑인 분장을 하고 코믹한 노래와 춤으로 인기를 끌기도 합니다. 이는 흑인들의 재치 있고 풍부한 재능을 소개한다기보다는, 사실상 흑인들을 천대하고 우스꽝스럽게 여기는 인종차별이었다고 할 수 있죠. 실제로 19세기에 들어 뉴

세계에서 가장 위대한 재즈 트럼펫 연주자로 꼽히는 루이 암스트롱.

욕에서는 재능 있는 흑인들이 무대로 진출해서 춤과 노래를 선보이기 시작하지만, 예외 없이 심한 인종차별을 겪어야 했습니다. 한 명의 흑인은 한 명의 인간으로 인정하지 못한다는 해괴한 논리로 두 명 이상의 흑인 공연자가 무대에 서야 하거나, 흑인 관객은 백인들이 보는 극장에 들어갈 수 없는 등, 실로 비인간적인 차별이 존재했었습니다. 그러나 흑인들의 풍부한 문화는 재즈, 트위스트, 캣워크 등은 물론 오늘날 재즈와 힙합에 이르기까지 세계의 춤과 노래에 막대한 영향력을 과시하고 있습니다.

6장 민족의 역사와 정신이 담긴 세계의 춤

세계 다른 여러 나라에도 다양한
춤이 있어.

어디에 있나?!

그런데 우리나라처럼
춤 문화가 개발되지 않은 곳도
있지.

춤

아프리카와 남미에는 신들이 많고
의식이 많아서 춤을 추는 제의가 많지만,

우가, 우가우가, 우가 우가

*제의(祭儀): 제사의 의식.

추운 북극 같은 곳은 모여서 춤추기가
힘들기 때문에 춤이 다양하지 않아.

추워 귀찮아!
친구야 춤추자!

춤은 전파력이 무척 강한 문화라 지리적으로 가까운 곳은 서로 많은
영향을 주며 발전했지.

너 요런 춤 본 적 있어?!
친이네 나도 알려 줘!!
아프리카
남미

그럼 '남미'하면 떠오르는 춤 '탱고'를 알아보자.

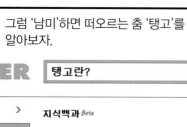

탱고라고 하면 어떤 모습이 생각나?

남녀가 가깝게 밀착해서 호흡을 맞추며 춤을 추는 것을 본 적이 있을 거야.

지금은 탱고가 세계적인 인기를 끌면서 많이 화려해지고,

할리우드 영화나 뮤지컬에 등장하는 대표적인 사교춤이 되었지만,

원래는 남미의 아르헨티나와 우루과이에서 기원한 춤이야.

아르헨티나는 축구로 유명하고,

남아메리카대륙 최남단에 있는 세계에서 여덟 번째로 큰 나라야.

기름진 땅과 온화한 기후의 나라지.

메소포타미아 문명과 잉카 문명의 영향을 받았지만,

1516년 유럽인들의 공격 이후 1580년부터 오랫동안 스페인의 식민통치를 받았어.

그들의 고유의 문화와 언어는 사라졌고(스페인어를 사용),

대부분 유럽에서 온 정착민과 이주민들, 원주민들과의 혼혈이지.

탱고의 탄생은 아르헨티나가 독립한 19세기 중반으로 추정되는데,

당시 스페인에서 유입된 유럽 춤들과 노예로 끌려온 아프리카 문화가 섞여 있었고,

오늘처럼 화려하고 고고한 모습과는 달리,

가난한 이민자들이나 노예 등 하류 계층에서 생겨나고 발달한 춤이야.

특히 '칸돔블레(Candomblé)'라 불리던 아프리카인 노예나 아프리칸-브라질 혼혈인들이 부에노스아이레스의 가난한 지역에서 살면서 추던 춤이었지.

당시 유행 음악과 아프리카 선조들의 춤, 노예 시절 부르던 노래가 모두 섞였는데,

폴란드에서 시작해 유럽에 인기를 끌었던 폴카와,

쿠바의 하바네라, 아프리카 출신들의 춤인 밀롱가 등도 탱고에 영향을 주었어.

즉 탱고에는 식민지와 노예 제도 등 아르헨티나의 슬픈 역사가 담겨 있지.

그래서 탱고 음악을 들으면 어쩐지 감성적이고 묘한 느낌이 들어.

또 생음악 연주와 함께 추는 춤인 만큼, 즉흥적인 요소 때문에 긴장감이 있지.

음악과 밀접한 연관을 맺고 있어서,

음악성 리듬감 외우세요

제일 중요!!

네 네 넵

탱고 폴카 밀롱가 하바네라

여자, 남자, 음악이 추는 삼인무라고 할 정도야.

음악

좋은 탱고 무용수는 리듬과 음악을 눈에 보일 정도로 잘 표현하는 사람이라고 하지.

반도네온

*반도네온: 탱고에 사용하는 손풍금.

탱고는 아르헨티나와 우루과이에서 탄생했지만,

탱고

와아 와아

유럽과 북미로 퍼진 후 유럽의 매너와 극적인 구성이 덧붙여져,

탱고

유럽 미주

오늘날 우리가 보는 멋진 탱고가 된 거야.

탱고는 비교적 원형에 가까운 우루과이 탱고와 아르헨티나 탱고가 있고, 즉흥성 없이 스텝이 정해진 볼륨 탱고가 있으며, 핀란드의 음악과 탱고를 결합한 피니시 탱고 등이 있는데,

음악성과 즉흥성이 포인트

모두 서구의 영향으로 세련되고 극적으로 발전했어.

따라서 우리가 보는 탱고는 원형에 가까운 민속춤이라기보다는

세계화의 물결 속에서 발전해 온 살아 있는 춤이겠지.

앞에서 잠깐 하와이의 훌라춤에 대해 얘기했지?

훌라춤이라고 하면 꽃 목걸이와 치마를 입은 원주민 처녀가 엉덩이를 흔들고, 원주민 남성이 북을 치고 노래하는 게 생각날 거야.

훌라춤은 대표적인 관광 춤으로 알려져 있어.

원래 '훌라 카히코(Hula Kahiko)'라 불리는 전통 훌라는 매우 진지하고 종교적인 춤인데,

이런 변화는 하와이가 미국의 식민지가 된 것과 연관이 있어.

하와이는 태평양제도에 8개의 큰 섬과

100여개의 작은 섬들로 이루어진 나라인데,

따뜻한 열대기후로 자원이 풍부했지.

19세기 영국의 제임스 쿡이 하와이를 발견한 이후,

사탕수수 상인과 군대를 앞세운 미국의 식민지가 되어 버렸어.

지금도 설탕, 파인애플 통조림, 주스 등의 제조업이 성행해.

무서~

미국의 50번째 주가 된 이후 원주민은 10퍼센트도 채 되지 않아.

1898년 미국에 합병

1959년 하와이주 승격

미국 50번째 주로 인정

원주민은 10퍼센트도 안 되는 하와이라…

하와이

사탕수수 농장에 일하러 가 정착한 한국 사람들도 상당히 많지.

여보~

아빠

하와이 가서 돈 많이 벌어 올게

미국 대통령 버락 오바마가 하와이 주 출신이지.

내 고향도 하와이야~

훌라가 탄생한 곳은 모로카이 섬이라고 해.

모로카이 섬

응애

훌라의 음악은 '멜레(mele)'라고 하는데, 부족의 역사나 위인들을 노래하는 거야.

아빠가 부족의 설화를 노래해 줄게

네

왜냐하면 문자가 보급되기 이전에는 하와이의 역사를 노래로 만들어,

주저리 주저리……

와 아빠 그걸 어떻게 다~

다음 세대로 전했기 때문이지.

주저리 주저리 주저리 주저리 주저리 주저리 주저리 주저리 주저리 주저리 주저리 주저리 주저리 주저리 주저리 주저리 주저리 주저리 주저리 주저리……

이제 네가 앞으로 외울 거야

훌라는 대부분 이 이야기를 바탕으로 해. 동작도 지금보다 정교하고 상징적이었어.

특히 종교 의식 때 훌라는 움직임
하나하나가 의식에 가까웠는데,

무용수의 실수가 재앙을
가져온다고 믿었기 때문에,

재앙

경건하고 엄숙하게 추어야
했대.

훌라

훌라

수련 중인 무용수는 훌라의 여신
'라카(Laka)'의 보호 아래 세상과
격리되었지.

라카

훌라가 어떤
중요한 의미를
지녔는지 알겠지?

훌라의 기원에 관한 여러 가지 설은
모두 여신과 관련이 있어.

여왕이
통치하던
국가라
그런가?

훌라

기원

기원

기원

기원

훌라의 여신인 라카가
모로카이 섬에서 춤을
탄생시켰다는 설,

라카

응애!

훌라?

화산의 여신 펠레를 진정시키기
위해 그녀의 동생이 훌라를
추었다는 설,

부글부글

펠레

오

옛 반지 마
내가 훌라춤
춰 줄게

훌라
훌라

하와이는
화산 폭발이
잦지

그리고 펠레가 언니인 바다의
여신을 피해 섬을 찾은 뒤
추었다는 설이 있지.

완전
안전한
곳이다

훌라
훌라

하와이

전통적인 훌라는 신과 부족을 잇는
종교적·정치적인 목적을 갖고 있었지만,

훌라

부족

부족

훌라

훌라

19세기 하와이를 침략한
제국주의는 모든 걸
바꾸어 놓았어.

척

서양인들이 처음 하와이에 왔을 때
훌라를 금지했어.

최악

신

부족

부족

하와이인들에게 훌라는 성스럽고 종교적인 의미의 춤이었는데,

기독교 문화의 서구인들은 다른 신을 섬기는 것을 허용하지 않았고, 전통 복식의 노출만이 자극적으로 보였던 거야.

하나님을 믿어라. 다른 신은 안 돼!

춤이 외설스럽다. 안 돼!

즉 자신들의 문화만 우월하게 생각하고 타인의 문화를 무시한 것인데,

우리 문화가 최고!! 너희들 구려!!

최근에는 이런 관점에 대해 자성의 목소리가 높아.

유럽인의 잣대로 다른 문화를 무시하지 마!

옛날이 좋았지

또 원래 훌라는 호리박과 돌, 나무로 만든 악기를 사용했는데,

유럽의 영향으로 기타와 북으로 대체되었지.

오늘날에는 북을 두드리면서 추지.

팡팡

무용수들의 전통적인 의상은 더 장식적이고 긴 치마로 바뀌었어.

여성의 노출 안 돼! 다 가려!

이게 원래 우리 전통 의상인데…….

이런 압력 속에서도 하와이의 왕은 전통 예술을 복원하려고 노력했고,

소수의 훌라 교사들과 학생들이 훌라를 보존하려 했지만,

훌라

20세기에 들어서서 단순한 관광 춤으로 변해 버렸어.

펑 펑

관광춤

그렇게 지켰거늘

훌라

*데이비드 칼라카우아 왕.

할리우드 영화에 나오고 미국의 서커스에서 공연되기도 하면서,

훌라는 세계적인 춤이 되고 하와이의 관광자원이 되었지만,

본래의 의미를 잃어버리게 된 슬픈 춤이야.

우리 것은 이게 아닌데

이제 인도의 춤 바라타나티암을 알아보자.

이 춤은 오랜 역사를 가진 인도의 대표 춤이야.

인도의 남부 지역인 타밀나두를 중심으로 인도 전체에서 성행했어.

방방곡곡

아름답고 상징적인 동작과 표현력, 화려한 의상 등 예술적인 가치가 높아서, 서양의 학자들도 많이 연구했지.

저 손 동작은 참으로 상징적이군요.

와아

기원전 1,000년경부터 전해 내려온 힌두교 의식 중에 신들에게 바치는 춤이 있었는데,

신에게 춤을 바치는 여성 무용수들을 '데바다시(devadasi)', 라고 불렀어.

어린 소녀들을 뽑아 춤을 비롯해 전통 예술을 지키고 신전을 돌보는 일을 시켰지.

데바라시가 된 걸 영광으로 생각해라

네~네

*데바라시: 신의 하인.

인도에는 카스트라는 엄격한 신분 제도가 있잖아?

몰랐으면 지금부터 알면 되지 뭐.

나도 안 지 얼마 안 됐쓰~

그런데 데바다시가 되면 높은 지위를 보장받을 수 있었다고 해.

꾸욱

지위 상승

와,

하지만 종종 귀족 계층의 애인이 되기도 했지.

쑥

20세기에는 인도의 전통 춤이 무대 예술로 옮겨져 데바다시 제도는 폐지되었고,

예술

데바 다시

이제는 예술가들이 춤을 계승하지.

데바 다시

예술가

전통 춤

바라타나티암이라는 이름은 바바(표현), 라가(음악), 타라(리듬), 그리고 탓야(인도의 고전 음악 극장)가 결합한 거야.

비바 라가 타라 탓야

즉 표현, 음악, 리듬이 모두 들어 있는 극적인 춤이라는 뜻이지.

비바 라가 타라 탓야

바라타나티암

동작이나 자세에 각각 이름이 있을 만큼 섬세하게 발전된 춤이기도 해.

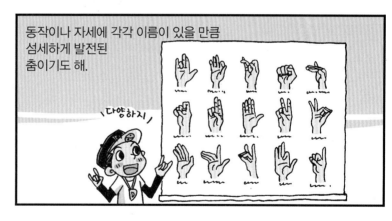

다양하지

인도의 힌두 사원에 특이한 포즈로 된 조각을 많이 볼 수 있는데, 바라타나티암의 춤동작을 본뜬 것이 많아.

바라타나티암이 현실의 춤이라면 이것은 천상 버전을 상상해서 만든 거지.

탕탕

특히 에로틱한 허리, 목, 입술의 움직임은 사랑의 표현을 핵심으로 하고 있어.

인도에서는 신을 왕실에 초대된 귀한 손님이라고 여겨, 신전마다 그들을 즐겁게 하기 위한 음악가와 무용수들이 있었어.

바라타나티암은 불의 춤이라고도 불려. 인간 신체에 있는 불의 요소를 조절하는 것인데, 능수능란하게 몸을 조율하는 춤이 춤추는 불꽃처럼 보이기도 해.

춤은 아름답게 고안된 제스츄어, 감상, 그리고 춤추는 사람의 감정적인 상태가 모두 중요한데,

몸의 조율을 통해서 마음의 정화를 얻고 마음을 조절하는 것은 요가와 비슷하지.

바라타나티암은 주로 솔로로 추어졌고, 아름다운 의상이 중요하게 여겨졌지.

특히 섬세한 움직임이 많아 여성 무용수만 춤을 추었어.

남성은 바라타나티암을 가르치긴 하지만 공연하지는 않지.

춤은 기본적으로 고대의 우주관을 인간 신체의 아름다움을 이용해서 표현하는 것이라고 해.

바라타나티암을 추는 무용수는 스스로 춤을 추면서 만족을 느끼고 그를 신에게 바치는 것이 중요했기에, 오늘날처럼 관객이 중요하지 않았어.

신전 안에서 혼자 춤출 때가 많았대.

하지만 중세에 들어서, 왕들은 데바다시들을 초대해서 공연을 시켰고,

데바다시를 보고싶다.

급기야 자신들을 즐겁게 하기 위한 '라자나타키(rajanarthaki)'를 만들었어.

이제 너희들은 데바라시가 아니라 라자나타키로 정한다!

즉 신성한 의무와는 완전히 다른 오락적인 춤으로 발전하게 되었고,

춤이 사람의 영혼을 밝게 해 준다는 의미는 점차 사라졌어.

힌두 왕국이 몰락함에 따라 바라타나티암도 쇠퇴했는데,

인도 북쪽에 등장한 무슬림 세력 때문에 ......

20세기에 바라타나티암은 새롭게 부활하지. 화려한 의상을 입은
무용수들은 서양의 관심을 끌었고, 발레의 영향을 받아
바라타나티암 발레가 만들어지기도 했어.

몇몇의 무용가가
새롭게 춤을 정비해서
서양에 소개했지.

인도 무용에는 '무드라(mudra)'라고 하는
표현법이 있어. 목과 얼굴, 손가락, 입술까지
다양한 신체 부위를 이용하지.

거기엔 제각기 의미가 있고 그것으로 내용을
전하는 매우 정교한 방법이야.

그런데 20세기에 바라타나티암이 서양의 눈에 맞게
변형되면서 청교도주의의 입맛에 따라 엉덩이나 입술,
목의 움직임들을 대폭 줄여 버렸지.

요즘의 바라타나티암은 '세미-클래식'
이라고도 해서 대중적이고 인기도
높고,

신전 밖에서 관람객들을
위해 더 많이 추어지지.

이렇게 바라타나티암 역시
밝은 면과 어두운 면 모두를 가지고
있어.

일본의 가부키 얘기를 다시 해 볼까? 가부키는 원래 여성 예술이었지만, 여성이 무대에 서는 게 풍기를 문란하게 한다고 하여 금지되고 남성의 예술로 발전했지.

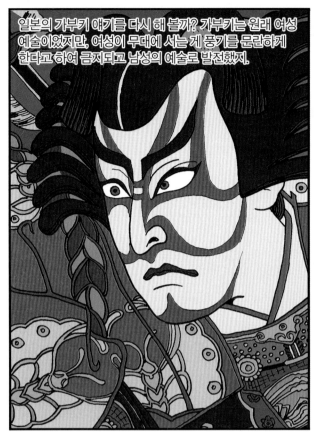

가부키와 더불어 '노(能)'라는 일본의 전통극이 있어. 노는 '노멘(能面)' 또는 '오모테(面)'라는 가면을 사용하는데, 이것도 역시 남성만 출연해.

하지만 가부키와는 달리 여성적인 발성을 하지 않아.

노는 원래 무사 계급의 예능으로, 귀족이나 신흥재벌들이 즐겼어.

가부키와는 다르게 노는 화려한 무대 장치를 거의 사용하지 않아.

반면 가부키는 서민의 감성과 생각을 담은 서민적인 예술이야.

중세 말기부터 서민 사이에 퍼지기 시작한 민속 예능 또는 풍속 무용이 바탕이 되었지.

가부키란 말은 '가타무쿠'라는 동사가 명사화된 거야.

*가타무쿠(傾く): '방종(放縱)하다', '바람나다', '호색(好色)하다' 등의 뜻.

따라서 가부키는 사랑, 연애, 복수,
배신 등 드라마틱한 얘기가 많아.

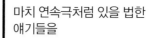

스승의 복수를 위해
떠나야 해.

마치 연속극처럼 있을 법한
얘기들을

연상의
여인을
사랑해서
파문을
당하다니!

춤과 노래, 특수한 무대 효과로
만들어 놓았으니 무척 재밌었겠지.

으어어

17세기 초에 생겨 약 370년의 역사를
갖고 있는데,

가부키 역사
370년

1603년 교토의 기타노 신사(北野神社)
등에서 무녀 오쿠니가 염불 춤을 춘
것이 시초야.

그전까지는 귀족의 노와 교겐,
그리고 무악 혹은 궁중 춤이
대부분이었는데,

우리들
세상

흥!! 궁중

무악

노

교겐

여성 예능인들이 가면도 쓰지 않고 서민용 노래와
춤을 추니 얼마나 인기가
많았겠어?

오아! 와!

와아

그러자 막부는 여성 가부키를 금지했지만 가부키의
인기는 수그러들지 않았지.

**여성이 나와서
풍기문란하다!**

너무해

막부

막부는 어린 미소년의 모습을 가리고 노래와 춤을 줄일 것을
요구했고, 가부키는 더 이상 공연자의 매력에 의지할 수
없었어.

다른 방법을
찾아야겠어.

이게 말이 돼!!

대신 드라마를 탄탄하게 하고 무대장치를
개발하며 사실적인 표현력에 열중했어.

탕
탕

가부키

남성이 여성 역할까지 모두 연기하기 때문에 극적인 구성이 중요하고, 의상이나 가발, 분장법 등도 정교하게 만들어져 전해졌지.

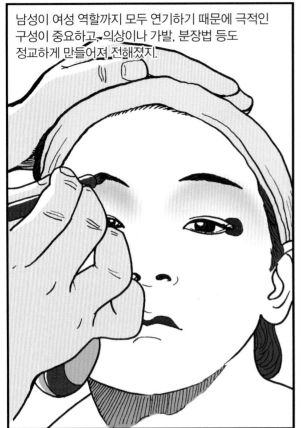

가부키의 무대는 매우 아름다워, 어느 한 장면을 찍어도 그림 같은 풍경이야.

고어를 주로 사용하고 특유의 발성이 있어서 대사를 알아듣기 쉽지는 않지만, 이미 유명한 이야기가 많고, 노래 역시 상당히 통속적이야.

잊을 수가 있을까? 십 년 전에 가슴에 새겨진 그 여인뿐이다~.

대사보다는 춤과 연극적인 움직임이 더 많아 무용극이라고 할 수 있지.

완전 보기쉽군!

맞아

가부키는 장시간 공연되어, 중간에 도시락을 먹기도 해.

금강산도 식후경

하루 저녁이 아니라 하루 공연이래. 아껴 먹어.

냠냠

가부키는 대중을 위한 공연이니 스토리도 이해하기 쉽고,

나이든 내가 봐도 재밌군!

눈을 뗄수가 없어

오~

배우의 외모나 무대 장치도 정형화되어 있어 보기가 쉬워.

예를 들어 얼굴을 하얗게 칠하면 착한 사람이고, 붉은 색으로 칠하면 혈기 왕성한 사람, 전신을 빨갛게 칠하면 악당, 보통 사람은 살색으로 표현하지.

연기 역시 현대극과는 달리 오버 액션이 많은 편이야.

또 여성 역을 맡는 온나가타 배우들은 철저하게 여성을 표현하기로 유명해.

여성도 잘 인식하지 못하는 섬세한 동작까지 다소 과장된 방법으로 표현하는 인위적인 아름다움을 보여 줘.

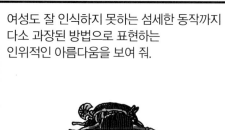

또 가부키는 조용하게 관람하다가 마지막에 박수를 치는 게 아니라,

복수하겠…

조~용

왜 이리 조용해? 내가 인기가 없나?

공연 중간에 관객들이 막 소리를 지르고 심지어 비단주머니에 돈을 넣어 던지기도 해.

크하하 그렁 그렁지

복수하겠당~

와아

와

이는 배우가 힘을 내서 더 잘하라고 하는 거야.

관객이 현실과 드라마 사이를 오가는 거지.

나카무라상 최고

가부키 연기자들은 사회적으로 매우 존경받기에 대를 이어서 하고,

1대

2대

3대

유명한 가부키 집안은 귀족 대우를 받아.

의상, 가발은 물론 표현력까지 섬세하게 전수되지.

우리집 가보 나라 이제 니 꺼다

그래서 가부키는 매우 훌륭하게 보존되어 본래의 모습을 유지해왔어.

서구

퍽

가부키

내 모습은 내가 지킨다!

이처럼 세계의 전통 춤은 그 나라의 정치적, 사회적, 문화적 흐름과 밀접한 연관이 있어.

정치

사회

문화

전통춤

하나의 모습으로 고착되지 않고 계속 그 기능이나 형태가 바뀌면서 강한 생명력을 보여 주고 있지.

NEXT

춤

식민지와 춤 이야기

춤은 살아있는 문화이기에 계속 변화되면서 다음 세대로 전해집니다. 즉 춤은 한 번 만들어졌다고 해도 그것이 건축이나 미술처럼 고정되는 것이 아니라, 사람의 몸짓을 통해 전해지기 때문에 사라지기도 하고 변형되기도 하죠. 춤은 사람들 사이에서 추어지면서 보다 풍성하고 다양한 모습으로 발전되기도 합니다. 귀족의 문화였던 발레의 춤동작을 살펴보면 유럽의 각 지방에서 인기 있었던 발동작이나 스텝들이 간간이 섞여서 보다 세련된 방식으로 발전되었음을 알 수 있어요. 반면 한 문화의 춤을 다음 세대가 고스란히 이어받는 게 쉽지 않아 중간에 사라져 버리기도 해요. 또한 전쟁이나 식민지, 노예 제도 같은 역사의 굴곡 앞에서는 춤도 인간의 삶처럼 탄압되고 훼손되는 것을 쉽게 찾아볼 수 있습니다.

남태평양의 섬인 라로통가는 춤 문화가 매우 발달되어 있습니다. 그들은 명절, 기념일, 국경일 등에 모두 춤을 추었는데, 특히 신체의 하단 부분, 즉 다리와 골반의 움직임이 많은 것이 특징이었지요. 그러나 19세기에 대영제국이 남태평양의 섬들을 식민지화하면서, 신교도의 엄격한 교리를 전파하기 시작했습니다. 영국인들은 몸을 언제나 단정히 하고 신체의 즐거움을 부정하는 교리를 강조하면서, 라로통가의 전통 춤들이 매우 자극적이며 악마적인 것이라 생각했어요. 그들은 자신들의 생각을 원주민들에게 강요했고, 원주민들이 추던 춤은 점차 사라져 버리게 되었지요.

그러나 이런 강요는 상당히 편협하고 위험한 생각입니다. 다른 문명의 고유함을 말살시키고 유럽의 문명만이 최고라고 생각하는 오류를 가져왔기 때문에 많은 비판을 받았습니다. 당시 원주민들의 춤은 남녀가 구애하는 춤이라기 보다는, 남녀가 나뉜 상태에서 자신들이 속한 사회에 종속감과 연대감을 표현하는 춤이었습니다. 하지만 영국인들의 교리와 문화를 기준으로만 본다면, 타 문명은

매우 다른 모습과 의미로 왜곡될 수 있지요. 사실 다른 문화와 관습에 대해서는 보다 넓은 시각을 갖는 것이 중요합니다.

　우리의 춤 역시 일제 강점기를 거치면서 상당히 많이 훼손되고 사라져 버렸습니다. 1919년 3·1운동 이후 일제의 문화말살 정책으로 우리의 춤은 계승하거나 발전하기 매우 어려운 상황에 처해집니다. 우리의 궁중 무용인 정재를 담당하던 무동(궁중 정재에서 춤을 추던 어린 남자 무용수)제도

대한제국 시절 헤르더 산더의 사진 모음집에 실린 사당패의 모습.

를 비롯하여 궁중 무용의 소중한 기록들이 사라지고, 마을마다 다양하게 살아있던 민속춤들이나 무녀들도 탄압되었습니다. 무용수들은 그 지위를 잃고 기방이나 사당패 같은 음지로 점차 사라지고 퇴보할 수밖에 없었습니다. 춤은 사람에서 사람에게로 전수되기 때문에 불과 수십 년의 시간 동안 잃어버린 춤의 문화는 상당합니다. 이처럼 춤은 역사의 굴곡들, 전쟁, 식민지, 세계화와 더불어서 다양한 모습으로 발전하고, 때로는 사라지거나 왜곡되기도 했답니다.

7장 우리가 알아야 할 세계적인 무용 작품

춤은 기록이 쉽지 않아 과거의 작품을 남기기 어려워.

꾸준히 추어지고 계승되지 않으면 쉽게 사라지기 때문에,

살아남은 작품들은 진정한 고전이라 할 수 있어.

발레에서 가장 오래된 작품 중 하나인 1832년 작품 〈라 실피드〉는,

낭만 발레를 본격적으로 열어 준 작품으로, 초현실적이고 이상에 대한 인간의 갈망을 보여 주지.

스코틀랜드 북부의 외딴 마을에 제임스라는 청년이 있었어.

그에게는 약혼녀 에피가 있는데, 결혼을 앞둔 어느 날 소파에서 깜빡 잠이 들어.

그때 공기의 요정(실프)이 그 앞에 나타나서,

제임스의 눈에만 보이면서 그에게 장난을 걸지.

그때 약혼녀 에피가 들어와 함께 춤을 추는데, 에피와 제임스의 현실적인 사랑과, 요정과 제임스의 이상적인 사랑이 대비되는 장면이야.

그 후 요정은 창문으로 날아가고, 제임스는 결혼식을 포기한 채 그녀를 찾아 헤매지.

그는 숲 속에서 부하들과 춤을 추고 있는 마녀를 만나는데,

마녀는 하얀 스카프를 요정에게 씌우면 그녀를 가질 수 있다고 하지.

제임스는 그 유혹에 빠져 마침내 요정에게 스카프를 씌우지만

요정의 날개가 떨어지면서 죽고 말아.

마지막엔 요정의 친구들이 그녀를 하늘로 데려가고,

제임스의 약혼녀는 다른 남자와 결혼식을 올리지.

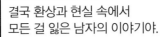

결국 환상과 현실 속에서 모든 걸 잃은 남자의 이야기야.

흑흑

발레는 이상을 좇았던 한 남자의 이야기지만,

이상을 좇았던 당시의 지성인들, 예술가들을 상징하기도 해.

이상 어디가?

발레의 주인공은 요정 역인 여성 발레리나였고,

춤을 춘 마리 탈리오니는 공기의 정령과 동일시되었지.

이상형 월드컵
1 마리탈리오니
2 신민아
3 전지현
4

한 비평가는 '탈리오니는 인간이 아닐 것이다. 하나님도 그녀 같은 천사를 상상하지 못했을 것.'이라고 했대.

내가 그랬어

그녀의 머리 스타일, 의상, 모든 것이 유행됐고,

요즘 유행하는 탈리오니 스타일~

예쁘다 나도 할래

'가볍고 뜨는 듯한'이란 뜻의 '탈리오니타니저'라는 말도 생겼어.

잡지에까지 등장했지.

그녀는 매우 절제된 움직임과 고상함을 강조했는데,

절제가 저의 기본입니다.

더~

어슴푸레한 조명 아래서 하얀 망사드레스를 입고 발끝으로 움직이는 춤은 정말 요정처럼 비현실적이고 아름다웠어.

탁

그녀는 긴 팔을 가슴 앞으로 교차되게 접었는데, 이것은 요정의 대표적인 동작이 되었고,

또한 요정을 표현하기 위해 발끝으로 춤추었는데, 발끝으로 서는 것을 예술적인 표현으로 최초로 승화시켰어.

기술을 자랑하기 위해서가 아니라 진짜 같은 요정 표현을 위해서야.

탈리오니는 뛰어난 표현력으로 낭만 발레를 성공시켰어.

한편 발레 〈지젤〉은 낭만 발레를 완성하는 작품이야. 19세기의 낭만주의 시인 고티에가 하이네의 시에 영감을 받아,

*테오필 고티에(Théophile Gautier, 1811년~1872년)

독일의 한 전설에서 착안해 대본을 썼어.

독일 전설에는 사랑에 배반당한 처녀 귀신들이 밤에 춤을 춘대.

지젤은 발랄한 시골 아가씨지만 몸이 약해서 어머니가 걱정을 해.

♬~

그녀는 마을에 나타난 한 총각과 사랑에 빠졌는데,

하지만 힐라리온이라는 마을 총각이 그녀를 짝사랑해 주위를 맴돌아.

어느 날 공주의 행렬이 마을로 와 지젤의 집에서 쉬게 되는데,

끼-익
공주마차

잠깐 여기서 쉬자~

지젤은 공주를 위해 춤을 추고 선물로 목걸이를 받지.

옛다

♬

그때 힐라리온이, 지젤이 사랑하는 남자가 신분을 속인 귀족임을 폭로해.

귀족 알브레히트다!

헉!

당시에는 귀족과 평민의 사랑은 이루어질 수 없었고, 더구나 공주가 알브레히트의 약혼녀였지.

내 약혼자가 알브레히트인데!

충격을 받은 지젤은 알브레히트의 칼로 자신을 찔러.

*작품에 따라서는 그냥 죽기도 함.

다음 막에서는 <u>으스스한 공동묘지</u>로 무대가 바뀌는데,

사랑에 배반당해 죽은 처녀들(윌리)이 남자들을 유혹해서 죽이는 곳이야.

윌리는 남자들에게 죽을 때까지 춤을 추게 하는데,

이때 무용수들은 칼로 자른 듯한 대형으로 진을 짜듯이 움직여.

힐라리온이 찾아오지만 윌리들에게 죽음을 당하고,

곧이어 찾아온 알브레히트도 윌리들의 리더인 미르타는 죽이라고 하지만,

그를 사랑하는 지젤은 같이 춤을 추며 시간을 끌어.

결국 새벽닭이 울어 처녀 귀신들은 사라지지.

알브레히트는 지젤에 대한 죄책감으로 괴로워하고,

지젤은 영원한 안식으로 돌아가며 막이 내리지.

〈지젤〉은 매우 드라마틱한 발레 중 하나야.

무용수들에게는 매우 도전적인 작품으로 악명이 높지.

여자 주인공은 발랄한 시골 처녀에서부터, 사랑에 배반당해 미쳐서 자살하고,

처녀 귀신이 되는 역할까지 소화해야 해.

쉴 새 없이 뛰고 발끝으로 춤을 춰야 하는 작품이지.

한 번 작품을 뛰고 나면 여자 무용수의 신발이 다 망가지고,

남자 무용수 역시 3~4킬로그램이 빠진다고 해.

〈지젤〉 뒤에는 더 흥미로운 이야기가 숨어 있어.

이 작품을 쓴 프랑스의 시인 고티에는 카를로타 그리지라는 발레리나를 몹시 사랑했어.

그는 그리지를 위해 〈지젤〉의 대본을 썼지만,

*카를로타 그리지(Carlotta Grisi, 1819년~1899년)

그리지에게는 쥘 페로라는 안무가 애인이 따로 있었어.

결국 그는 그리지의 여동생과 결혼하지.

〈지젤〉은 탄생 때부터 이미 불행한 사랑의 드라마가 있던 거야.

발레 〈백조의 호수〉는 발레의 대명사야.

여자 무용수의 고고한 움직임이 마치 백조를 닮았기 때문일까?

〈백조의 호수〉는 러시아에서 탄생했는데,

프랑스 출신의 마리우스 프티파의 작품이지.

그는 이십대에 러시아로 와서 4명의 황제를 모시며 황실 발레를 이끌었고,

음악가 차이코프스키에게 음악을 지시하고 잔소리를 했을 정도야.

*마리우스 프티파(Marius Petipa, 1822년~1910년)

〈백조의 호수〉는 차이코프스키의 대표적인 발레 음악이지만,

그가 죽을 때까지 이 발레는 실패를 거듭했어.

박자가 춤추기에 어렵고, 발레 음악으로 적절하지 않다고 했지.

결국 성공한 것은 작곡한 지 20년이 지난 차이코프스키 추모 공연에서야.

발레는 왕자의 20세 생일로 시작해.

1막의 무도회에서 왕자와 친구들은 즐겁게 춤을 추고 있는데,

여왕이 등장해 왕자가 성인이 됨을 축하하며 활과 화살을 줘.

왕자는 화살을 들고 호숫가로 가서 백조를 발견하지.

2막은 왕자가 화살을 쏘려는 순간 백조가 아름다운 처녀로 변신하는데,

사실 그녀는 나쁜 마법사의 저주로 백조가 된 오데트 공주야.

그녀의 저주를 깨려면 영원한 사랑의 맹세가 필요한데,

왕자는 무도회 때 그녀를 아내로 선택하기로 하지.

당신을 아내로 맞이하겠소

얼마 뒤 왕자의 결혼 상대를 찾기 위한 무도회가 열리고 러시아, 스페인, 헝가리, 나폴리에서 왕녀들이 도착해.

프티파의 발레에는 이국적인 춤을 보여 주기 위해 다양한 나라가 등장해.

왕자는 왕녀들에겐 관심이 없고 오데트를 기다리는데,

오데트는 어디 있지?

나쁜 마법사가 자신의 딸을 오데트(흑조)로 변장시켜서 데려오지.

왕자는 흑조를 백조 공주 오데트인 줄 알고 영원한 사랑을 맹세하고,

본색을 드러낸 마법사는 사악하게 기뻐하면서 궁정을 떠나.

다시 만난 왕자와 오데트는 서로의 운명을 슬퍼하는데.

여기서 결말이 두 가지로 나뉘어.

원래는 왕자와 오데트가 함께 죽음을 택하는 것이었으나,

왕자가 마법사를 이기고 해피엔딩으로 끝나는 경우도 있어.

전자가 죽음으로 영원을 찾는 낭만주의적인 사고방식을 보여 준다면,

후자는 투쟁이나 현세의 삶을 중시했던 구소련의 공산주의의 영향을 보여 주었지.

지금은 물론 안무가의 선택일 뿐이야.

〈백조의 호수〉는 드라마틱한 스토리 외에도 이국적인 춤과 백조들의 아름다운 군무를 빼놓을 수 없어.

〈백조의 호수〉는 백조의 춤과 서정적인 아름다움이 빛나는 2막과 4막이 유명한데,

실은 프티파의 조수인 레브 이바노프(Lev Ivonav)에 의해 안무된 거야.

그는 유럽인 발레마스터가 인기인 러시아에서 내국인이라는 이유로 인정을 못 받았고,

발레는 유럽이야! 내국인이 무슨 발레야?

러시아

권위적이고 욕심 많은 프티파의 그늘에서 거의 빛을 못 보았지.

1년 안돼

프티파는 85세까지 일했는데 은퇴 후에도 7년 간 봉급을 다 받았대.

이바노프는 가난하게 살다가 크리스마스이브에 죽었어. 〈백조의 호수〉의 안무자로 인정받은 것도 최근의 일이야.

쯔쯔… 시대를 잘못 태어 나서…

〈백조의 호수〉는 여자 무용수가 청순하고 아름다운 백조와 사악한 흑조 이 정반대의 역할을 동시에 해내야 하는데,

특히 흑조는 한쪽 다리로 32바퀴의 회전을 하는 매우 어려운 춤을 춰야 하지.

32

이 회전은 100년이 훨씬 지난 지금도 여전히 전해 내려오는 장면이야.

와

와아

100년

고전 발레의 대명사인
〈백조의 호수〉는 많이 재창작되기도
했어.

각색했습니다.
어때요?

흠!

완전히 혁신적으로 말이야.

이런거 말고 혁신적으로
다시!!

대표적인 것이 매튜 본의
〈백조의 호수〉인데,

*매튜 본(Matthew Bourne, 1960년~)

가냘픈 백조 공주 대신 공격적이고 강한
남자 백조를 등장시켜.

왕자는 약하고 소심한 모습을 보이는데, 백조는 강하고 매력적이며
왕자의 이상형을 보여 주지.

왕자와 남자 백조라는 동성애를
상징하는 면 때문에 비난도
받았지만,

남자 백조의
호수

동성애 같이
저게 뭐야

내 말이...

고전을 현대적인 감각으로 풀어낸
이 작품은 유럽과 미국은 물론,

그래도
재밌으니까
봐야지.

남자 백조의
호수

내 말이

짝

우리나라에서도 엄청난 인기를
모았어.

주인공
애덤 쿠퍼는
스타가 돼.

안무가의 현대적인 각색에도 불구하고,

이 과정에서 영국
왕실을 풍자했다는
평도 받지.

췄
감히
어딜

현실에서 자신을 찾지 못한 나약한 왕자와 강하지만 무리에서 벗어난
백조의 사랑과 죽음이 원작 〈백조의 호수〉가 지닌 메시지와 같다고
할 수 있어.

〈호두까기 인형〉은 발레의 가장 대중적인 작품으로 꼽혀.

크리스마스 전날을 배경으로 어린아이가 등장하기 때문에,

안녕, 난 클라라야.

크리스마스 때 부모님들이 자녀들과 많이 보지.

난 크리스마스 때 〈호두까기 인형〉 본다~!

와~ 부럽다

서양에서는 크리스마스의 전통으로 불릴 정도야.

당연히 보는 거 아냐!

난 크리스마스 때 호두까기 인형 본다.

서구

〈호두까기 인형〉은 크리스마스 파티에서 시작해.

메리 크리스 마스

와하하

소녀 클라라는 크리스마스 선물로 호두까기 인형을 받아.

와

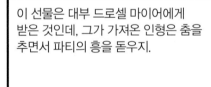

이 선물은 대부 드로셀 마이어에게 받은 것인데, 그가 가져온 인형은 춤을 추면서 파티의 흥을 돋우지.

클라라의 짓궂은 남동생이 호두까기 인형을 망가뜨리는데,

툭!

클라라는 슬퍼하면서 자신의 손수건으로 상처를 감아 주지.

그날 밤 클라라가 잠에서 깨니 거대한 생쥐 떼가 호두까기 인형을 공격하고 있었어.

클라라는 신발을 던져서 그를 돕고,

호두까기 인형은 멋진 왕자로 변신하지.

그는 답례로 클라라를 꿈의 사탕나라로 데려가고,

봉봉 사탕, 중국 차, 아라비아 커피, 사탕 요정 등이 나타나 클라라를 대접해.

여기에서 프티파 특유의 이국적인 춤(중국, 아라비아, 러시아)의 색채가 나타나지.

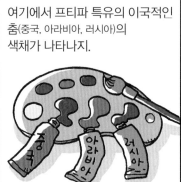

클라라가 잠에서 깨니, 모든 게 꿈이었다는 얘기야.

이 작품은 동화풍의 스토리와 화려한 춤이 볼거리이지만, 원작은 작가 호프만의 『호두까기 인형과 생쥐왕』이야.

호프만의 소설은 훨씬 으스스하며 어두운 내용이고,

생쥐왕이 매일 밤 습격하고, 꿈이 아니래!

클라라가 역경을 딛고 진실한 사랑을 이루기까지의 과정을 보여 주지.

호프만은 이 글을 통해 19세기의 엄격하고 상상력을 억제하는 가정 교육을 비판했는데,

우리는 상상력을 억제 당하고 있어.

프티파가 이 작품을 만들 때는 지나치게 밝고 단순하게 만들어서,

발랄하고 다양한 춤을 강조했고, 그 결과 줄거리의 인과관계가 너무 없어져 버렸어.

……

호두까기 인형이랑 쥐랑 왜 싸워?

이해가 안 가

또 1막에서는 어린이들이 주인공이라 마임 위주이고, 사탕나라를 방문하는 2막에서는 어른 무용수들이 등장해.

즉 이야기상의 주인공과 춤추는 주인공이 다른 셈이야.

흥!

쳇!

음악을 의뢰받은 차이코프스키는 대본이 마음에 들지 않아 고민하던 중

이 대본에 음악이라니 짬뽕나~

배를 타고 먼 여행을 떠났는데 사랑하는 여동생이 갑자기 죽었다는 소식을 접하게 돼.

헉

부고
여동생이
죽었으니
급히오시

슬픔에 찬 그는 사탕 요정의 음악을 쓰면서 동생을 떠올렸다고 해.

오빠

그립구나 동생아~

큭

숙숙

이런 발랄한 춤과 화려한 무대가 해마다 크리스마스에 〈호두까기 인형〉이 공연되는 이유야.

〈호두까기 인형〉은 각 발레단마다 제각각의 매력을 지니고 있어.

우리는 화려하게!

우리는 어린이를 중심으로!

우리는 주인공을 어른으로!

〈잠자는 숲 속의 공주〉 역시 차이코프스키와 프티파가 함께 했고,

과거는 잊고 잘 해 봅시다!

페로의 동화책인『잠자는 숲 속의 공주』를 원작으로 하지.

한 왕궁에서 예쁜 오로라 공주가 태어나자 왕과 왕비는 요정들을 초대하고

응애

요정들은 여러 가지 선물을 주지.

아름다워 져라
지혜로워 져라~
정의로워 져라

마지막 요정이 선물을 주려고 할 때 초대하지 않은 마녀가 나타나,

감히… 나만 빼먹다니!

펑펑

공주가 16세 되는 날 물레에 손을 찔려 죽게 될 거라고 저주하는데,

16세에 죽으리라

라일락 요정이 죽음 대신 백 년간의 잠으로 저주를 바꿔.

바꿔 주리라~
잠으로
쳇

16세가 되는 생일날 파티가 열리고 공주는 구애자들과 춤을 추는데, 예언대로 손을 찔려 깊은 잠에 빠지고,

백 년 뒤 한 왕자가 요정의 인도로 이 왕궁을 발견하여,

왕자의 키스로 공주는 깨어나게 돼.

성대한 결혼식이 벌어지고 요정들, 파랑새, 장화 신은 고양이 등이 등장해서 춤을 춰.

배경은 프랑스 궁정으로 꾸며져 화려한 무도회가 벌어지고,

동화 속 인물들이 끝없이 나와서 춤을 추며,

직선, 원, 직삼각형 등 대칭적인 대형의 군무가 고전 발레의 이상을 보여 주는 작품이야.

차이코프스키는 착한 요정과 사악한 요정의 음악을 대비시켜 최고의 발레 음악으로 칭송받았는데,

프티파의 구체적이고 집요한 요구에 시달렸다고 해.

고양이의 야옹 소리가 세 번 들리고…….

특히 공주의 생일날 공주가 4명의 왕자와 추는 장미 아다지오가 유명한데,

바로 여기야

여기서는 공주가 4명의 구혼자들의 손을 잡고 상당한 시간 동안 한쪽 발로 서서 춤을 춰.

이런 대단한 균형 감각은 어린 왕녀가 결혼이나 권력을 가질 수 있을 만큼 성장했음을 보여 주지.

20세기가 되면서 유럽에서 발레의 인기가 시들해지는데,

러시아에 현대적인 발레를 만든 발레 뤼스가 있다고 했지?

이들은 예술가들을 동원해 현대적인 발레를 선보여 유럽을 놀라게 했어.

가장 충격적인 작품은 1913년 〈봄의 제전〉이야.

이는 살아 있는 처녀를 제물로 바치는 러시아 부족의 잔인한 풍습 이야기인데,

선택된 처녀는 죽을 때까지 춤을 춰야만 하지.

스트라빈스키의 강렬한 현대 음악을 배경으로, 안짱다리 같은 자세로 무겁게 다리를 끌고 구르며 우르르 몰려다니면서, 야만적인 풍습과 죽음의 불안감을 표현했지.

불규칙하게 쿵쿵거리는 음악과 함께 춤을 추는 장면에서

관객들은 너무 충격을 받아 소리를 질렀어.

관객들의 소리 때문에 무용수들에게 음악 소리가 들리지 않자,

음악이 안들려!

으악
끼아악

니진스키가 무대 옆에서 발을 굴러 무용수들에게 박자를 알려 줬고,

내가 박자 넣어 줄게

쿵쿵

난동이 일어나자 작곡가는 화장실 창문으로 도망쳤다는 소문도 있었지.

악

〈봄의 제전〉은 이후 피나 바우쉬와 마사 그레이엄 같은 현대 무용가는 물론이고 클래식 발레단에서도 재해석되어 공연되었어.

*피나 바우쉬(Pina Bausch, 1940년~2009년)

발레 뤼스의 활약으로 미국과 유럽에 새로운 발레의 희망이 싹트게 돼.

러시아 예술가들이 자리 잡아 줬지.

발레 뤼스
발레 미국
발레 유럽

현대 무용의 탄생에 뒤지지 않을 발레의 현대화가 일어난 거야.

현대화야!

억!

뷰웅
빵빵

발레
현대 무용

오늘날까지 발레는 낭만 발레, 고전 발레, 현대 발레 등 다양한 레퍼토리를 가지고 관객들의 꾸준한 사랑을 받으며 여전히 생명력 있는 예술로 평가받고 있어.

쏴아
관객

낭만 발레
고전 발레
현대 발레

발레의 소재로 사용된 문학 작품과 발레 이야기

발레의 이야기는 대부분 공주와 왕자, 요정, 혹은 아름다운 아가씨 같은 환상적인 스토리가 많습니다. 발레의 표현 방식 자체가 이런 아름답고 신비로운 인물들을 춤추기에 적합하기 때문이겠지요. 하지만 발레 역시 문학을 비롯해 유명한 전설이나 신화 등에서 모티프를 따온 작품들이 많습니다.

〈호두까기 인형〉은 매년 크리스마스가 되면 무대에 올려지는 대표적인 어린이들을 위한 발레입니다. 발레 자체가 크리스마스를 배경으로 하고, 주인공 클라라(혹은 마리)가 어린아이이기 때문에 서양에서는 매년 크리스마스가 되면 아이들과 보러 가는 가족 발레처럼 여겨지기도 합니다. 발레에서는 어린 소녀 클라라가 크리스마스 선물로 호두까기 인형을 선물 받으면서 이야기가 시작됩니다. 파티가 무르익을 무렵 남동생이 인형의 다리를 부러뜨리고, 그를 치료해 주다 잠든 클라라는 쥐떼의 습격으로부터 호두까기 인형을 도와줍니다. 그러자 호두까기 인형은 멋진 왕자로 변신하여 감사의 대가로 클라라를 환상적인 과자의 나라로 안내해, 온갖 캔디와 과자를 먹고 요정의 춤을 보며 즐거운 시간을 보내지요. 가벼운 스토리에 맞춰 발레는 밝고 귀여운 캐릭터들이 등장해 화려한 무대를 선보입니다.

〈호두까기 인형〉의 원작자 E. T. 호프만.

그러나 사실 이 발레의 원작인 E. T. 호프만의 이야기는 괴기스럽고 어두운 내용이 가득합니다. 즐거운 춤과 요정 이야기가 주를 이루는 발레와 달리, 원작 소설에서는 여왕 쥐가 호두까기 인형을 저주하게 된 이야기가 나오며, 쥐 떼의 습격도 집요하고 반복적입니다. 호두까기 인형을 구하기 위해서 클라라는 자신이 좋아하는 것을 희생하며 힘든 시간을 보내고, 호프만은 어린 클라라가 이런 고난을 통해 성장

해나가며 진정한 사랑을 찾는 힘든 과정을 강조합니다. 나중에 마크 모리스라는 현대 무용가는 이런 클라라의 성장에 초점을 맞추어 호두까기 인형을 재구성하기도 했습니다.

이 밖에도 발레 안무가들은 다양한 곳에서 모티프를 가져왔습니다. 낭만 발레의 대표작인 〈지젤〉은 하이네가 쓴 독일의 전설을 발레화한 것입니다. 독일에는 죽은 처녀들이 밤에 모여 춤을 춘다는 전설이 있었는데, 대본가는 이 이야기를 억울하게 죽은 한 소녀의 사랑 이야기로

에드워드 번존스가 그린 샤를 페로의 〈잠자는 숲 속의 공주〉.

만들어 낸 것이지요. 남자가 춤을 추다 죽는다는 것도 실제로 중세에 있었던 일을 모티프로 한 것입니다. 14~15세기에 사람들이 광란에 빠져 쓰러져 죽을 때까지 춤추다 죽는 기괴한 현상이 있었거든요.

발레 〈잠자는 숲 속의 공주〉는 우리에게 익숙한 샤를 페로의 유명한 동화 이야기입니다. 샤를 페로는 프랑스 궁전에서 궁정 소설가로 활동했던 인물이었습니다. 수 세기 뒤에 이 작품을 발레로 만들면서 안무가는 발레의 배경을 페로가 살았던 사치스러운 프랑스 궁정으로 만들고, 페로의 다른 이야기들의 주인공인 장화 신은 고양이, 빨간 망토와 늑대, 파랑새 등을 등장시킵니다. 이들은 마지막에 공주와 왕자의 결혼식에서 하객으로 등장해서 각자 역할에 맞는 춤을 보여 주면서 관객들을 즐겁게 합니다. 한 작가의 캐릭터들을 발레 곳곳에 심은 안무가의 상상력이 돋보이는 구성이라고 할 수 있겠지요.

8장 우리가 알아야 할 세계적인 무용가

20세기에 대전환을 맞은 무용은 다시 인기 있는 예술이 되었어.

춤이 예술로 인정받고 무용가의 지위가 높아졌지.

발레와 현대 무용으로 구분되면서 각각 눈부시게 발전하고,

무용가들의 스타일도 뚜렷해지고 매우 다양해지지.

나는 움직임이 중요해.

나는 음악에 영감을 받지.

나는 우연성을 실험해.

나는 고전주의로 돌아가.

첫 번째로 살펴볼 사람은 발레 뤼스의 무용가 니진스키로,

남성 무용수의 역할이 극도로 위축되었던 때 혜성처럼 등장했어.

이전 발레에서 남성은 여자 무용수를 들어 주거나, 여성이 숨 고를 동안 잠시 나와서 춤을 췄어.

그의 성공은 남성 무용수가 여성 무용수의 보조에서 벗어나 다양한 역할을 하게 했지.

*바츨라프 니진스키(Vatslav Nizhinskii, 1890년~1950년)

니진스키는 재능 있는 무용수였던 아버지와 어머니 사이에 태어났지만,

발레 무용수

캐릭터 댄스 전문가

작은 키에 두꺼운 허벅지와 동양적인 외모를 지녔어.

발레리노로서 뛰어난 외모는 아녀.

톤실

무대 위의 카리스마와는 달리, 부끄럼이 많고 소심한 성격으로,

이름이 뭐예요?

니 진 스 키

러시아 황실발레학교를 8년 만에 겨우 졸업했어.

난 음악, 미술, 무용 외에는 관심 없어!

졸업하자마자 황실발레단에서 활동하다가 한 사건을 일으키지.

주연

당시 남자 무용수들은 타이즈 위에 짧은 반바지를 덧입었는데,

〈지젤〉 공연 날 그는 반바지 없이 타이즈만 입고 춤을 추었고,

꾸아악

점잖은 귀족 관객들은 충격을 받았지.

외설스러운 춤을 추다니!

없어져 버렷!!

귀족

꺼져

기분이 상한 니진스키는 먼저 황실발레단을 그만두어 버렸어.

……

사직서

그는 디아길레프가 이끄는 발레 뤼스로 들어가,

우리 같이 해 봅시다!

반했어

아예

동성애자

불과 몇 년 만에 대스타로 성장하고,

슈퍼스타

그가 문제를 일으켰던 타이즈도 보편적인 의상이 되지.

이렇게 편한 걸 진작 입을걸.

히

니진스키가 주연한 〈장미의 정령〉은 남자인 니진스키가 요정으로 나와.

그동안 여성이 초현실적인 인물을 맡았는데 대반전인 셈이지.

무도회에서 돌아온 소녀가 소파에서 잠시 잠에 빠졌는데,

아름다운 장미꽃의 정령이 나타나 춤을 춘다는 이야기로,

즉흥적으로 만들어져 불과 세 번의 연습만으로 무대에 올렸어.

……

니진스키가 마지막 장면에서 도약을 했을 때, 어찌나 높게 뛰어올랐는지 부인들이 놀라 기절하고, 무대 뒤로 사람들이 몰려와 숨은 장치가 있나 확인까지 했대.

붕

말도 안 돼! 와~ 분명 장치가 있을 거야! 신이다!

니진스키는 단지 '나는 공중에 잠시 머무르는 것'이라고 했지.

뭐 그냥

이 작품의 대대적인 성공에 디아길레프는 몹시 기뻤지만,

으하하 역시 성공

정작 안무가인 포킨과 니진스키는 작품의 예술성보다 기술에 집중되는 것이 마음에 안 들었어.

내 안무 얘기는 없다니…….

나는 곡예사가 아니라 예술가다!

〈목신의 오후〉는 드뷔시의 음악에 니진스키가 직접 안무를 했어.

내가 직접 안무를 짜겠어 슥슥

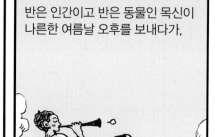

반은 인간이고 반은 동물인 목신이 나른한 여름날 오후를 보내다가,

아름다운 요정들을 보고 반해 스카프로 장난을 걸어.

이야기는 단순하지만 니진스키는 춤을 출 때 그리스 벽화처럼 2차원적으로 움직였어.

즉 머리와 발은 옆을 보고 몸통은 앞을 보면서 이동한 거야.

또 스카프에 몸을 밀착시키는 동작이 외설로 논란이 되기도 했지.

19

펑

예술을 몰라, 잉!

니진스키는 1, 2분의 짧은 작품을 위해 무려 120번이 넘는 연습을 했다고 해.

완벽해야 해!

그는 비록 9년 간의 활동 기간 동안 4개의 작품을 만들었지만,

찰랑

그의 작품들은 현대 발레의 새로운 길을 열어 줬지.

현대발레

목신의 오후

철컥

니진스키는 서른 살이 되기 전에 건강이 악화되어 무대를 떠나,

활동한 지 9년밖에 안 됐는데……

콜록 콜록

정신병원에 오래 수감되어 있다 불행하게 죽었어.

하지만 그는 남성 무용수의 권위를 세워 주었지.

우리가 니진스키 뒤를 이을 거야!

리팔

마신느

그에게는 무용가 여동생인 니진스카가 있었는데, 그녀는 발레 뤼스의 유일한 여성 안무가였어.

발레에서 여성 안무가는 흔치 않지.

그녀도 황실발레학교에 입학해 고전 발레를 배웠지만,

그녀의 작품은 고전 발레와는 반대되는 것이야.

니진스카는 매우 지적인 무용수였고,

춤의 화려하고 장식적인 성향을 반대하며, 여성의 관점에서 대담하고 추상적으로 그려내.

결혼 적령기의 러시아 여성들의 모습을 그린 〈암사슴들〉,

1923년 발레 뤼스와 만든 〈결혼〉이라는 작품이 유명해.

〈결혼〉은 러시아 농민들의 소박한 결혼식을 소재로,

여성의 관점에서 본 결혼의 의미를 생각하게 하는 작품이야.

천으로 만든 긴 머리를 들고 춤을 추는데, 결혼이 단지 개인의 선택이 아니라 공동체와 연결된 일임을 상징하지.

무용수들은 간소한 의상에다 무표정한 얼굴을 해.

발레리나의 특징인 포인트 슈즈도 안 신었어.

즉 여성이 결혼을 통해 사회에 연결되는 것을 상징하며,

......

사회

두려움과 책임감들을 보여 주지.

열심히 하자!

한 무용학자는 니진스카가 춤으로 자신의 페미니스트 성향을 드러냈다고 해.

여성주의?

당시의 여성들이, 여성이라는 이유로 강요되었던 불평등을 생각하게 한다는 거지.

여자가 무슨 교육

단지... 여자라는 이유로...

여자가...

여자가

하지만 춤에서 이런 메시지를 읽어 내기란 쉽지 않았어. 초연할 당시 너무 추상적이고 모던한지라,

디아길레프는 '20년 뒤에나 이해할 수 있는 작품'이라고 했대.

20년 뒤에나 이해를..

니진스카는 오빠의 비극적인 죽음 후에도 미국과 유럽에서 훌륭한 여성 안무가로 이름을 남겼어.

니진스카

스윽

〈결혼〉과 〈암사슴들〉은 영국 최고의 로열발레단이 여전히 무대에 올리며, 오늘날에도 많은 영향을 주고 있어.

로열 발레단

이번에는 미국 발레의 아버지 조지 발란신을 알아보자.

발란신은 발레를 미국에 뿌리내리게 한 장본인이야.

뉴욕이 자랑하는 아메리칸 발레학교를 설립했고,

뉴욕시티 발레단을 만들어 세계적인 무용수들을 배출했으며,

*조지 발란신(George Balanchine, 1904년~1983년)

〈세레나데〉, 〈아곤〉, 〈아폴로〉, 〈돌아온 탕자〉 같은 유명한 작품들을 안무했지.

미국에서는 매우 중요한 문화적 인물로, 영향력이 막강했어.

TIME

사실 그는 발레 뤼스 출신으로 러시아 태생이야.

본명은 발란쉬바즈 (Balanchivadze).

그는 작곡가의 아들로 태어나 5세부터 피아노를 접했고,

역시 내 아들이야

16세에 이미 작품을 안무하는 등 안무에 뛰어났지.

부웅

안무

그러나 보수적인 소련의 극장은 그를 좋아하지 않았고,

당시 소련 정부에서 발레를 검열했어.

불통

계속되는 경제난으로 끼니를 걱정할 정도로 힘들었어.

너무 배고프다…….

꼬르륵

결국 그는 소련을 떠나 발레 뤼스에 입단해.

젊고 신선한 안무가는 늘 환영한다네.

그는 4년 동안 발레 뤼스와 활동하면서 자신의 스타일을 찾았고,

우리 같이 스타가 되는 거야.

내 스타일도 찾고.

자유로움과 풍요로운 환경에서
〈아폴로〉, 〈돌아온 탕자〉 같은
대표작이 탄생하지.

디아길레프 사망 후 발레 뤼스의
단원들은 유럽과 미국으로 뿔뿔이
흩어졌는데,

미국의 갑부 링컨 컬스타인이
그를 미국으로 초대했고,

든든한 후원을 받으며 79세로
사망할 때까지 온갖 스타일을
실험했어.

그는 음악적으로 뛰어난 춤을
만들어

무용계의 모차르트라고 불릴 정도야.

그는 신고전주의라 불릴 만큼
고전적인 아름다움을 좋아했고,

복잡한 스토리보다는 춤이
조각처럼 아름다울 것을 강조해.

그는 날씬한 스타일의
여성 무용수를 좋아해서

발레 무용수들과 여러 번
결혼하기도 했고,

오늘날의 길고 늘씬한 무용수의
표본을 만든 사람이야.

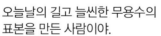

'그는 폭군처럼 다이어트와 성형수술을
강요했다.'는 폭로도 있을 정도였어.

발란신은 러시아에서 제작된
〈백조의 호수〉, 〈호두까기 인형〉을
미국에 선보였는데,

스토리를 더 극적으로
수정하고 더 정교하면서도
아름다운 구성으로
발전시켰지.

특히 〈돈키호테〉나 〈불새〉 같은
작품들도 발란신 버전을 만들었어.

그의 대표작 〈아폴로〉는 아름답고 조각 같은
포즈들이 뛰어나 신고전주의의 완성작이라
불려.

태양의 신 아폴로와 그의 마음을 얻고 싶어 하는 세 명의
뮤즈(춤과 노래의 여신들)가 각각 자신의 장기와 춤을 보여 준다는
내용이지.

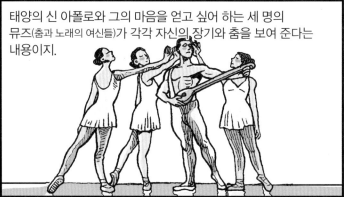

〈부가쿠〉라는 작품에서는 발레에
일본풍의 스타일을 입혔어.

그는 발레에도 민속 무용의 정취를 입힐 수 있다고 생각했지.

그는 뮤지컬과 영화에서도 춤을
안무해서 발레의 인기를 끌어올렸어.

지금도 그가 이끌던
뉴욕시티 발레단은

정확하고 우아한 춤으로 명성을
떨치고 있어.

이미 앞에서 이사도라 덩컨과
마사 그레이엄은 살펴보았지?

그럼 앨빈 에일리에 대해 알아보자.

에일리는 흑인
(아프리칸 아메리칸이라 함)
현대 무용가야.

*앨빈 에일리(Alvin Ailey, 1931년~1989년)

이때까지 발레나 현대 무용의
거장들은 모두 유럽계 백인들이었지?

대리석처럼 하얀 무용수는 백인
중심적이라는 비난을 받기도 해.

달빛 속에 하얀 모습,
하얀 옷……

발레

백인
중심
이야

미국에서 노예 제도가 폐지되고
20세기가 될 때까지도

철컹

흑인들은 사회적으로 엄청난 차별을
받았어.

흑인 주제에!

어딜
감히

뉴욕의 뮤직홀에서 흑인들의
노래와 춤이 인기를 끌었지만,

백인들의 극장에는 흑인들이
관객으로 입장할 수 없었고,

재즈공연

저리
가

백인만
출입가능

심지어 흑인은 혼자서 무대에 설 수
없었던 적도 있었어.

너희는 반 푼짜리
인종이니 두 명이
같이 공연해야 한다.

그런게
어딨쩌!!

백인들이 흑인 문화의 장점만
빼앗은 거지.

쭈욱

흑인

이런 잔인하고 불공평한 현실 속에서

엉엉

단물만
빼먹고
버리다니.

앨빈 에일리는 자신의 무용에 흑인들의 문화를 가득 담았어.

아

원래 흑인들의 문화에는 춤이 매우 중요한 위치를 차지해.

재즈, 힙합 같은 음악도 모두 흑인들이 주도했지.

문화

그들의 선조가 살았던 아프리카는 노래와 춤이 매우 발달된 곳이고,

노예로 끌려올 때도 춤과 노래로 서로를 위로했어.

헉...

흑인들의 춤에는 한쪽 다리를 축으로 박수치면서 도는 동작이 많은데,

짝짝

이는 한쪽 발이 쇠사슬에 묶여 있던 노예 시절 발전한 춤이야.

철컹

에일리는 텍사스의 작은 마을에서 17살이었던 어머니에게서 태어났어.

애가 애를 낳으면

쯧쯧

아버지는 그가 태어난 지 6개월 만에 떠나 버렸고,

가지마요

안녕!

엉엉

어머니는 이곳 저곳을 전전하며 어렵게 살았지.

당장 방빠 누군 땅 파서 장사햄!

다섯 살 때 어머니가 백인 남성들에게 잔인하게 폭행당하는 것을 보고

어...

덜덜...

툭툭

어린 나이에 백인에 대한 공포감이 생겼는데,

하얀색은 싫어...

덜덜

그를 위로한 것은 교회였어.

흑인들의 교회 문화는 서로 교류하는 공동체야.

흑인들의 교회에서는 춤과 노래로 찬양하는 문화가 매우 발달해 있어.

영화를 보면 흥겨운 모습이 많이 나오지?

으슥 으슥

그는 백인들의 학교에서 적응하지 못하고 흑인 학교로 옮겼는데,

친구의 소개로 호손 무용 학교에 들어가게 돼.

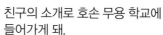

호손무용학교

에일리는 좋아하는 일을 찾았지만, 당시의 무용계에 흑인은 없었기 때문에 갈등했어.

흠

그는 마사 그레이엄 같은 유명한 현대 무용가들의 춤을 보지만,

와아!

별 감흥을 받지 못하고,

자신의 이름을 딴 앨빈 에일리 무용단을 만들지.

여기여기~ 붙어라~♪

흑인들의 아픔, 슬픔을 표현하고 싶다……

앨빈 에일리 무용단

와~아!

그의 대표작으로는 흑인들이 즐겨 부르는 영가나 찬송가에 그들의 삶을 춤으로 표현한 〈계시〉와,

흑인 여성들의 삶을 그린 〈울음〉이 있어.

〈울음〉은 하얀 스커트를 입은 흑인 여성의 솔로가 주가 되는데,

사회에서 차별 받고, 억울한 일이 있어도 보상받지 못하는

흑인 여성의 상처와 아픔을 표현하지.

바로 에일리가 어머니의 생일날 바친 작품이야.

그는 흑인들의 문화에서 발달한 움직임으로 춤을 만들어서, 발레 같은 춤과는 완전히 다른 움직임이 많아.

특히 영가나 찬송가에서 타악기 등을 사용하는 흑인 음악의 리듬감을 잘 보여 줘.

앨빈 에일리 무용단은 지금도 뉴욕에서 중요한 단체로 꼽히는데,

흑인 문화와 감정, 예술성을 열정적으로 드러내면서

현대 무용의 표현력까지 예술적으로 한층 더 끌어 올렸다고 평가를 받고 있지.

유럽에도 훌륭한 무용가들이 많이 탄생했는데,

특히 2차 대전 전후 독일에서 특유의 어두움과 진지한 성격의 무용가들이 등장했어.

탄츠 테아터라고 불려.

*탄츠 테아터(Tanz-Teater)

피나 바우쉬는 독일의 표현주의와 미국의 현대 무용을 섞어 놓은 무용가야.

연극적인 요소가 많은 그녀의 춤은 기존의 현대 무용과는 사뭇 달라.

나랑 비슷 하네?

연극

바우쉬 춤

나랑도!

현대 무용

?

바우쉬는 일상적인 걷기, 뛰기, 노래하기 등 모든 종류의 움직임을 사용해서,

일상적인 삶을 보여 줬지.

또 발레 뤼스의 작품을 새로 구성한 초기작 〈봄의 제전〉에서는 삶의 야만성을 보여 주기도 하는데,

살아 있는 처녀를 제물로 바치기 위해 제비뽑기를 해.

불안감을 고조시키는 북소리 속에서 한 처녀가 선택되고,

헉

처녀는 죽음을 느끼며 미친 듯이 춤을 추다 붉은 드레스가 찢겨지며 쓰러지는데. 야만적인 죽음이 적나라하게 표현되지.

이 작품은 1979년 한국에서도 공연되었는데,

당시 우리나라 사람들은 몹시 충격을 받았어.

좌악!

춤이 저렇게 괴상하다니!

한쪽 가슴을 드러내다니!

그녀는 독일 작은 도시의 안무가로 부임했는데,

부퍼탈이라는 도시가 바우쉬 덕분에 현대 무용의 중심지로 등극했어.

부퍼탈 탄츠테아터

처음엔 바우쉬의 작업이 쉽게 받아들여지지 않았어. 초기에는 공연 도중에 오렌지를 던지거나 물을 뿌리는 난동도 있었다고 해.

엽기적이다!

바우쉬의 작품은 아주 좋아하거나, 아주 혐오하게 될 것이다.

요런 평론이 나왔지!

하지만 그녀의 독특함 때문에 매우 열정적인 팬들이 생겨났고, 결국 세계적인 명성을 얻게 되지.

와아 | 최고의 무용가 | 와아

바우쉬 최고 | 환영

짱! | LOVE

바우쉬의 작품에는 별다른 스토리도 없고 테크닉도 거의 없어.

여기는 어떻게 춤을 춰야 하지요?

……

그리고 무용수와 대화를 하면서 작품을 만든다고 해.

나에게 묻지 말고 당신이 그 상황에서 해야 할 것을 하세요!

네~

그녀는 자신이 '삶의 관찰자'라고 생각해서,

춤은 인생이다.

무용수들의 경험, 생각, 성격, 생활 환경 등에서 뽑아낸 이야기로 작품을 만들었어.

넌 왜 무용수가 되었지?

서커스 하다가 너무 어려워서.

여자친구가 좋아해서.

멋있어 보여서.

그냥.

초기에는 무거운 작품들이 많지만, 따뜻하고 허를 찌르는 유머와 진솔함이 매력이지.

초기 작품

스윽

바우쉬는 극적인 효과를 위해 흥미로운 무대 세트를 많이 보여 주었어.

〈봄의 제전〉에서는 바닥을 진흙으로 깔아 원시적 분위기를 냈고,

봄의 제전

무대 위에 물을 쏟아붓기도 하고,

아 리엔

일만 송이의 카네이션으로 무대를 덮어놓는가 하면,

카네이션

〈푸른 수염〉에서는 무용수들을 벽에 매달아 놨어.

푸른 수염

이런 아이디어는 그녀의 연인이자 무대 디자이너였던 보르치크의 영향이 크지.

보르치크

바우쉬는 모든 것을 직접 챙겼어. 수십 년 동안 무용단에 가장 일찍 와서 가장 늦게 가는 사람이었대.

프로그램 글씨체부터

무용실 난방 온도까지 직접 결정해야 맘이 놓여.

우리나라에도 세 번이나 방문해서 서울을 주제로 한 작품 〈러프 컷〉을 만들었어.

2009년에 68세로 세상을 떠났지만 그녀의 영향력은 여전히 진행형이야.

스르르…

미국 현대 무용가 머스 커닝햄은 포스트모던 댄스의 아버지야.

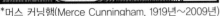

*머스 커닝햄(Merce Cunningham, 1919년~2009년)

그 이전의 안무가들이 모더니즘의 영향으로 감정의 표현에 몰두했다면,

그의 등장 이후에는 많은 실험적인 운동이 일어나지.

〈듀엣〉이라는 작품에서 4분 동안 꼼짝 않는 것도 춤인가요?

당근

그는 8살에 동네 무용학원에서 처음 춤을 배웠고,

춤 재밌져

뉴욕 마사 그레이엄 무용단에서 무용수로 5년이나 활동했어.

잘 해 봅시다.

특이하게도 현대 무용가이면서 아메리칸 발레학교에서 2년이나 공부를 계속해.

모든 춤의 움직임을 알아내겠어

그는 춤이 모든 것의 중심이어야 한다고 생각했고,

의상, 조명, 무대, 춤은 그로부터 독립해야 해.

특히 항상 춤과 함께 하는 음악을 배제하려고 했지.

춤은 음악 박자에 맞춰야 ……

무슨 소리!

기존의 무용은 음악에 상당히 의존적이었어.

춤은 음악 없이는 안 돼도~

음악은 춤없이 되잖아.

맞아 맞아

발레 작품을 위한 음악을 따로 음악가에게 주문했고,

〈파랑새〉 음악을 4분의 3박자로 만들어 와라.

콜!

이사도라 덩컨은 베토벤 같은 음악을 기반으로 했지.

오오, 위대한 음악이 내게 영감을 준다.

현대 무용가들은 기존의 음악에 춤을 맞춘 경우가 많아.

음악이 빨라지면 이렇게 빨리 움직이자.

2배속

음악

그런데 그는 이런 관습적인 음악 사용을 반대했어.

춤이 음악에 영향 받지 않을 순 없을까?

존 케이지라는 현대 음악가와 작업하며,

*존 케이지(John Cage, 1912년~1992년)

춤은 춤대로 따로 만들어 연습하고 음악은 음악대로 만들어서,

공연 당일에 동시에 보여 주었지.

오호, 그래도 보기 좋은데?

와!

와우!

매우 신선하군.

심지어 1953년 발표한 〈우연에 의한 조곡〉에서는 공간, 시간, 위치 같은 요소를 도표로 만든 다음,

춤

동전을 던져서 다음 움직임을 결정했어.

500

팅

이런 안무 방식은 '우연에 의한 안무'로,

탁

500

춤을 여러 가지 제한으로부터 독립시키면서 새로운 무용의 장을 열었지.

데이터 무제한

난 춤무제한

자, 이제 다음 장으로 가 보자!

춤

NEXT

그림 속에 나타난
춤 이야기

춤은 매우 인기 있는 미술의 소재입니다. 보슈, 모로, 드가, 르누아르, 피카소 등 많은 화가들이 인간의 신체가 가진 아름다움을 담기 위해, 춤의 에너지를 보여 주고 싶어서, 혹은 무용수에 매료되어서 춤추는 무용수들을 그렸습니다. 조각가 로댕은 니진스키라는 남성 무용수에 매료되어 그의 조각을 만들었고, 인상주의 화가인 드가는 파리 오페라 극장의 무용수들을 그리며 '발레리나 화가'라는 별명도 붙었을 정도입니다.

드가가 활동하던 19세기는 낭만 발레가 유럽에서 선풍적인 인기를 끌던 시기입니다. 대표적인 발레리나인 마리 탈리오니를 비롯해, 여성 무용수들은 오늘날 인기 스타보다 훨씬 더 대단한 인기를 끌었습니다. 발레리나의 이름을 딴 배, 담배, 구두약, 파라솔 등 여러 가지 상품이 인기를 끌었고, 유명 발레리나가 도시를 방문하면 개선 행렬처럼 시민들이 거리에 나와서 환영 행사를 벌였다고 합니다. 라이벌 관계인 발레리나들의 경쟁과 팬들의 견제도 대단해서, 팬들끼리 극장에서 싸움을 벌이는 소동이 일어나기도 했을 정도입니다.

발레리나 화가 드가의 그림.

드가에게 발레리나는 좋은 소재였지만, 안타깝게도 발레리나는 동등한 예술가로서의 대접은 받지 못했습니다. 그에게 발레 무용수란, 그가 즐겨 그렸던 경주마나 여인들처럼 역동적이고 아름다운 피사체에 불과했습니다. 이는 당시의 발레가, 발레리나의 인기에도 불구하고 진지한 예술로 인정받지 못한 것과도 연

관이 있지요. 낭만 발레는 낭만주의의 감성을 담고는 있지만, 철학이나 사상보다는 아름다운 발레리나들의 테크닉과 인기에 더 많은 비중을 두고 있었기 때문입니다.

구스타프 모로는 19세기에 활동한 프랑스의 화가로 신화에 나오는 이야기를 많이 그렸습니다. 그의 작품에는 '살로메'를 주제로 한 그림이 많았는데, 살로메는 춤과 연관된 대표적인 악녀로 꼽히는 성경 속의 인물입니다. 그녀는 춤을 추어 왕을 기쁘게 한 뒤, 그 대가로 세례자 요한의 목을 달라는 요청을 해서 결국 요한이 처형되게 합니다. 즉 살로메는 춤의 치명적인 매력과 악마성을 결합시킨 상징적인 캐릭터인 셈입니다. 많은 예술가들이 살로메에 매료되어 오페라, 연극, 그림, 무용 작품을 탄생시켰습니다.

프랑스 화가 모로가 그린 〈살로메〉.

구스타프 모로의 그림을 보면 살로메의 매력과 춤, 그리고 잔혹한 요구가 매우 환상적으로 그려져 있습니다. 살로메의 하얀 몸과 소녀다운 아름다운 느낌이, 그녀의 악마적인 요구와 함께 몽환적인 느낌을 자아내지요. 특히 춤추는 살로메는 발이 공중에 붕 떠 있어서 춤에 마력에 대한 상징을 잘 드러냅니다. 이처럼 살로메는 춤과 여성, 유혹과 죄악이라는 요소가 복합적으로 얽혀있는 주제입니다.

9장 춤을 어떻게 봐야 할까?

춤에 관한 건 이제 잘 알겠는데, 실제로 춤은 어떻게 봐야 할까?

이렇게

춤

요렇게

오락적인 춤이나 교육적인 춤은 익숙하지만,

와~ 비다.

hip song ~ hip song

무대 예술로서의 춤은 뭔가 어렵지?

으~

발레도 이해하기 어렵고,

브리제~

발레에는 복잡한 용어가 너무 많아.

현대 무용은 더 어려워.

붕붕

붕

저 동작은 도대체 뭐람?

그래서 많은 사람들이 발레의 마임에 대해서 묻지.

발레에는 기본적인 마임이 있어.

두 손가락(검지, 중지)을 하늘을 가리키는 것은 맹세한다는 뜻, 손바닥을 바깥으로 하면 그만하라는 뜻, 머리 위로 두 손을 돌리면 함께 춤추자는 뜻.

하지만 이런 마임은 일상적인 동작에서 나온 것일 뿐이지.

의사소통의 3분의 2는 움직임에 의해서 이뤄진다고 해.

그리고 춤은 동작 하나하나를 마임처럼 말이나 단어로 바꿀 수 있는 게 아니야.

가령 슬픔을 표현할 때에도 분노에 찬 슬픔, 감상에 젖은 슬픔, 이별의 슬픔, 죽음 앞의 슬픔 등 다양한 종류의 슬픔이 있겠지?

모든 슬픔을 한 번에 표현해 주세요!

이걸 한 동작으로만 전달한다면 굳이 예술 작품이 필요가 없겠지.

즉 작품에는 예술가가 전달하고자 하는 의도나 메시지가 있는데,

죽음을 뛰어넘는 사랑을 어떻게 표현할 것인가?

그 내용도 중요하지만, 어떻게 전달하는지도 중요해.

지고지순한 무용수의 우아하고 아름다운 표현 방식.

불안한 현실 속에서 서로 열렬히 찾아 헤맴.

즉 내용과 그것을 전달하는 나름의 형식이 있는 거야.

하지만 궁중 발레나 클래식 발레 같은 경우에는 형식이 정해져 있어.

가령 발레의 화려한 남녀 이인무는 사랑의 완성을 보여 주겠지.

하지만 현대 발레나 현대 무용의 경우에는 안무자마다 방식이 달라.

이것을 안무자의 '스타일'이라고 하는데,

우린 스타일이 달라!

가령 마사 그레이엄은 인간의 심리적인 부분을 잘 표현하고,

피나 바우쉬는 인간의 내면을 연극적인 방식으로 보여 줬지.

미학자 콜링우드는 '예술가의 의도가 작품의 핵심'이라고 했는데,

예술가의 마음 안에 창조된 상태가 진정한 예술 작품이다.

하지만 항상 안무가가 의도한 것만 중요한 건 아니야.

내가 저 사람 마음을 어떻게 아나?

꼭 예술가의 마음이 정답은 아니겠지.

사람들은 똑같은 것을 보더라도 완전히 다른 생각을 하고,

요즘은 관객이 어떻게 느끼고 해석하느냐가 훨씬 중요하게 여겨지지.

한 작품이 시대에 따라, 보는 관점에 따라 어떻게 해석되는지를 보자.

발레 〈지젤〉은 낭만주의 발레의 대표작이야.

오, 사랑에 배반당한 가련한 여인이여~.

당시 사람들은 무용수들의 아름다운 표현력에 관심을 쏟았지만,

발레는 현실에 지친 우리를 위로하는 도피처다.

요즘 학자들은 〈지젤〉이 사회 계층 간의 이동의 상징을 담고 있다고 해.

19세기 초 프랑스는 군주제가 무너지고 부르주아 계급이 등장하던 시기인데,

평민인 지젤과 왕족인 알브레히트의 사랑은 계층의 이동을 담고 있지.

또 윌리들이 남자들을 유혹해 복수하는 것은 매우 의미심장해.

윌리의 리더 미르타는 기존의 발레에서는 찾기 힘든 캐릭터야.

그녀는 '살려달라'는 남성들에게 죽음을 명령하지.

이 윌리들은 기존처럼 착하고 이상적인 여인들이 아닌 거야.

어떤 무용학자들은 화 나 있고 무서운 여성인 윌리가 당시의 혁명적인 정신을 반영한다고도 해.

프랑스 혁명이나 여성 인권운동에서 보여 주었던 강한 여성상인 거지.

이처럼 오래된 작품도 세월이 지나 그 역사적 의미가 들춰지기도 해.

겉으로 보이는 것보다도 숨은 뜻이 많기에 계속 사랑받을 수 있는 거야.

예술가만큼 중요한 것이 관객이라는 것을 이제 알겠지?

그렇다면 좋은 무용수란 누구일까?

아름다운 무용수? 하지만 춤은 외모만으로 되는 건 아니지.

테크닉이 뛰어난 무용수? 그럼 서커스 소녀가 더 잘 할 수 있잖아.

무용수의 아름다운 신체는 움직임이 정확하고 균형 있게 보이게 해.

또 시각예술이라 아름다운 무용수에게 더 시선이 많이 가지.

그래서 무용수들이 다이어트를 하거나 외모에 신경 쓰는 경우는 많아.

몇 시부터 먹는 게 야식인가요?

특히 클래식 발레는 체격 조건이 발레학교나 발레단에 들어갈 때 중요한 조건이 되기도 해.

넌 등이 구부정해서 안 돼!

넌 체중이 많이 나가서 안 돼!

심사

심사

하지만 훌륭한 무용가들 중에는 그런 핸디캡을 극복한 사례가 많아.

전설적인 발레리나 안나 파블로바,

발가락이 길어서 포인트 슈즈가 맞는 게 없네.

최고의 발레스타로 꼽히는 바리시니코프 등이 있어.

키가 너무 작아 고민이야

조금만 더 키 컸으면...

즉 무용수의 체격 조건은 절대적인 게 아니며, 단점을 극복하면서 발전할 수 있어.

한편 조지 발란신은 무용수에게 다이어트를 강요했다고 해.

그는 '여성의 신체는 그 자체가 진실한 미를 전달한다.'라고 했어.

발레리나 젤시 커클런드는 자서전에서 그런 고통에 대해 폭로했고,

다이어트 때문에 거식증에 걸리고 약물까지 복용했어!

*젤시 커클런드(Gelsey Kirkland, 1952년~)

몇 년 전 볼쇼이 발레단은 뚱뚱하다는 이유로 해고한 일도 있었지.

하지만 발레의 지나친 날씬함을 비난하는 안무가도 많아.

발레는 건강한 미국 여성의 몸에 맞는 무용이 아니다!

현대 무용가 마크 모리스는 너무 가는 발레리나를 '죽은 처녀의 모습'이라고 비난했어.

나는 몸집이 크고 엉덩이가 큰 무용수도 상관없다. 그것이 무슨 문제인가?

아예 포스트모던 무용가들은 '당신이 걸을 수 있다면 춤출 수 있다.'고 할 정도야.

현대 무용을 보면 다양한 인종, 다양한 체형의 무용수들이 활동하는데,

모두가 가능해

체격이나 인종뿐만이 아니라 나이조차도 별 문제가 안 되지.

춤이 인간의 몸을 통해 아름다움을 보여 주기도 하지만,

인간의 보편적인 문제와 삶에 대한 예술이기 때문이야.

그렇다면 테크닉이 좋은 무용수가 좋은 무용수일까?

테크닉은 몸을 단련시키고 잘 조절하기 위한 수단에 가까워.

산... 려... 줘...

클래식 발레의 경우 고난도의 테크닉 자체가 표현이기 때문에,

테크닉이 좋지 않으면 보는 사람도 작품에 몰입하기 힘들겠지?

불안해

부들부들

못... 보겠다

하지만 대부분의 무용에는 테크닉 없이도 좋은 춤이 많아.

예를 들어 시인이 어휘력이 풍부하면 좋지만,

난 모르는 단어가 없다구

시 따위~ 써 주지.

제일 단어를 많이 안다고 가장 좋은 시를 쓰는 것은 아닌 거지.

헉

아무 생각도 안 나...

툭!

마크 모리스는 어딘가 부족해 보이고 어색해 보이는 사람을 더 선호했다고 해.

자넨 부족해서 합격이네

잠재력이 무한하거든

무용수로서 다양한 면을 끌어내기 위해서야.

*마크 모리스(Mark Morris, 1956년~)

역할을 맡길 때도 너무 딱 떨어지게 어울리는 사람을 피하지.

자넨 완벽해

탈락!!

의외의 캐스팅이 항상 신선하고 흥미로우니까 말이야.

여성역을 남성에게, 남성역을 여성에게 맡기기도 했지.

〈로미오와 줄리엣〉에서 자네가 싸움 잘하는 티볼트 역을 맡게.

그건 남자 역할 이잖아요...

뿐만 아니라 피나 바우쉬, 마기 마랭 같은 현대 무용 단체에는 다양한 이력을 가진 무용수도 많은데,

난 건축가였어.

나는 서커스를 하다가 왔지.

나는 의학을 공부하다가 관뒀지.

나는 100킬로그램이 넘어.

춤 역시 다양한 삶을 경험한 사람들이 더 진솔한 모습을 보여 줄 수 있다는 거야.

얼마 전까지만 해도 우리나라 무용수들은 체격이나 테크닉이 뛰어나지 못했어.

주로 신무용 스타일의 한국 무용이 많이 보급되어 어린 학생들이 많이 배웠지.

하지만 90년대 이후 발레의 폭발적인 인기로

지금은 어디에나 발레를 쉽게 배울 수 있어.

발레는 우리나라에 20세기 초반 일찍이 보급되었지만,

조각 같은 선의 아름다움 중시하기 때문에,

서양인에 비해 키가 작고 머리가 크고 팔다리가 짧은 동양인의 체격에는 어울리지 않았어.

니가 무슨 발레야

아서라~

하지만 1990년대부터는 학생들의 체격이 급격하게 좋아지고,

발레 영재들이 세계 유수의 콩쿠르에서 상을 휩쓸며,

바르나 국제 콩쿠르 우승.

잭슨 콩쿠르 우승.

직업발레단이 생겨나고 관객들의 층도 두터워졌어.

크리스마스에 〈호두까기 인형〉을 봐야지.

국립발레단 신작 보러 갈 거야.

체격과 테크닉은 현대 무용이나 한국 무용에도 놀랄만한 발전이 있었지.

와

발레 현대무용 한국무용

하지만 체격과 테크닉만을 너무 강조하다보니,

어린 나이부터 다이어트나 외모를 너무 예민하게 생각하게 되고,

오늘 체중 잰다고 했으니 점심은 사과만 먹어야지.

테크닉에 너무 치중하는 교육이 성행하기도 해.

다음 달에 콩쿠르 나가야 되니 밤새워서 연습해.

교육

이런 지나친 강요는 결국 가장 중요한 것을 춤추는 사람에게 빼앗아가지.

쑥

바로 춤추는 즐거움 말이야.

춤 따위 하나도 재미 없어!

쭈-욱

즐거움

따라서 어린 나이에는 근육이나 골격에 무리가 갈 정도의 수업은 피하고,

싫어!

억지론 싫어요!

춤추는 기술보다 춤추는 동기를 찾는 것이 중요해.

찾았다.

동기

보이는 게 다인 게 아니라 테크닉에도 함정이 있다는 것을 알겠지?

무엇이든

즐기는 게 가장 중요해

이번엔 춤과 음악의 관계에 대해서 생각해 보자.

......

흔히 〈백조의 호수〉라고 하면 '차이코프스키의 〈백조의 호수〉'라고 해.

차이코프스키의 백조의 호수

프티파와 이바노프라는 안무가가 있는데 말이지.

우리는…!!

물론 차이코프스키의 음악이 없는 〈백조의 호수〉는 상상하기 힘들지만,

그의 음악은 두 안무가를 만나기 전에는 별로 주목받지도 못했어.

다른 러시아 안무가가 한 첫 공연은 전혀 주목받지 못했어.

굴욕이당!

이것도 음악이라고!!

음악과 늘 함께하는 무용은 종종 독자성을 의심받아.

가자!

우가우가

발레는 오페라 중간에 삽입되어 흥을 돋우는 역할을 하기도 했지.

발레

샥샥

이것도

그래서 춤이 음악에 종속되는 예술이라고 생각하는 사람이 많았어.

음악은 춤이 없어도 되지만, 춤은 음악 없으면 이상해.

맞아 맞아 음악 완전 중요해!!

무용가

무용가

이사도라는 음악이 자신의 영감의 원천이라고 했고,

음악은 나에겐 공기 같아

루스 세인트 데니스나 도리스 험프리는 아예 음악 자체를 춤으로 해석하려고 했지.

음악 멈추면 춤 멈추고―.

음악 빨라지면 춤도 빨라지고―.

하지만 춤에는 곁들여지는 음악이 없어도 그 자체의 리듬감이 있어.

무용수의 움직임, 숨소리, 발소리가 긴장을 자아내며 리듬감을 주지.

특히 춤에 음악이 곁들여질 때, 관객을 압도하는 것은 춤이야.

춤이 훨씬 더 시각적이기 때문이지.

음악은 춤에 리듬감을 주고 분위기를 고조시킬 뿐이다.

머스 커닝햄은 음악과 춤을 따로 준비해서 공연 날 함께 작업했어.

춤과 음악은 경쟁적인 관계가 아니야.

춤과 음악이 어떻게 연결되었는가를 보면 더 재미있을 거야.

가령 〈백조의 호수〉 중 디스코를 추는 매튜 본의 안무나,

〈디도와 이니아스〉에서 오페라 가수의 노래에 춤춘 마크 모리스의 작품처럼,

마크 모리스는 악보를 보면서 작품을 짠다고 해.

음악을 다양하게 이용한 작품들이 있지.

춤의 악보는 '무보'라고 해.

악보는 유럽의 오선 기보법이 가장 널리 알려져 있어.

하지만 시대나 지역마다 각기 다른 방법으로 발달했지.

춤의 가장 유명한 기보법은 '라바노테이션(Labanotation)'이야.

루돌프 폰 라반이라는 사람이 고안해서 그의 이름이 붙었지. 'Laban+ Notation'

*루돌프 폰 라반(Rudolf von laban, 1879년~1958년)

라반은 헝가리 귀족 출신으로 파리에서 건축을 공부했어.

그는 인간의 움직임과 공간에 관심이 많아 춤을 배우기 시작했고,

춤의 발자취!!!

무용보를 만들고 책을 남겼을 뿐 아니라,

무용보

지은이 - 라반 -

공장 작업의 불필요한 동작을 줄여 생산성을 높이는 연구를 하기도 했어.

이봐 볼트 좀 줘

을

어 기다려

움직임 연구가 이렇게 산업에도 쓰였지.

동선이 복잡하군요. 여기를 단축시킵시다.

오~ 굉장해

그럼 움직임을 어떻게 기호로 바꿀까?

나 물음표 같지!

만약 의사가 '오른쪽 팔을 앞으로 천천히 들어 보세요.'라고 하면 그대로 할 수가 있어.

오른손!

네-

라바노테이션도 이와 같아. 신체, 방향, 높이, 시간, 이 네 가지에 대한 정보를 기호화해.

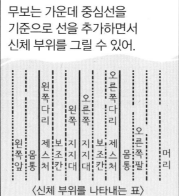

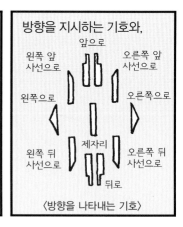

춤을 비디오로 완전하게 보존할 수 있느냐는 논란이 되는 문제야.

모든 무용수의 움직임을 정확하게 영상으로 담는 게 쉽지 않고,

원래와는 다르게 화면에 담길 수도 있기 때문에 무보가 쓰이고 있어.

라바노테이션 외에도 발레를 기록하는 '베네쉬 무보'가 있어.

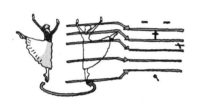

*베네쉬 무보(Benesh Movement Notation)

악보처럼 생겼는데, 오선이 각각 머리, 어깨, 허리, 무릎, 바닥을 가리켜.

음악 반주와 함께 활용하기 좋아서 클래식 발레를 기록하는데 많이 쓰였지.

물론 20세기 이전에도 무보는 존재했어. 바로크 댄스는 귀족들이 많이 추었던 교양이었는데,

무용 교사들이 가르치려면 교재가 있어야 했겠지?

다음 수업에 꼭 사오세요~

바로크 댄스를 기록하는데 쓰였던 보샹-퓌에의 무보도 유명해.

*보샹-퓌에(Beauchamp–Feuillet notation)

바로크 댄스는 움직임이 매우 점잖고 간단한 스텝으로 이뤄져 있어.

플로어 패턴을 보면 남녀가 대칭적으로 움직이는 것을 한눈에 알 수 있지.

남녀 움직임이 대칭적으로 되어 있는 퓌에 무보.

플로어 패턴

*플로어 패턴(floor pattern): 무용수가 움직이는 동선을 그린 것.

원래 발레는 왕과 귀족이 부와 우아함을 과시하는 기회여서,

당시 프랑스 귀족들은 왕과 함께 발레에 참여하는 걸 대단한 영예로 생각했어.

뭔가 잘못됐어!

그러게

화가 시인 음악

영광이야 정말~

아까부터 쳐다보는 쟤들은 뭐야?!

발레 초대장

칫!

그런데 오늘날 발레를 비롯한 춤은 왜 여성적이라 여겨질까?

〈빌리 엘리어트〉란 영화가 있어.

BILLY ELLIOT THE MUSICAL

1980년대 영국의 빌리라는 아이의 이야기야.

어…

가난한 광부인 아버지는 빌리에게 권투 수업을 받게 하지만,

툭

빌리는 도장 한구석에서 하는 발레를 배우고, 아버지는 노발대발하지.

뭐—!! 발레~ 확마—

하지만 결국 아들의 진심을 알고 왕립발레학교를 보내, 빌리는 훌륭한 무용가가 되지.

와—아

잘하구나 우리아들…

아버지가 발레를 반대한 이유는

발레따위 여자나 하는 거야 남자는 주먹

노동과 시위로 살아온 그에게 발레는 나약한 것으로 생각됐기 때문이야.

우아

와아

기본권 살 권리를 달라

인권

영화 속의 무용수 애덤 쿠퍼도 실제로 발레를 배운다는 것을 말하지 못했다고 해.

나… 발…레…

발!? 뭐?

혹시 발레는 아니겠지?!

아냐

이것은 낭만 발레의 가련하고 청순한 여성의 이미지가 널리 퍼져서 그래.

아이 몰랑~

발레와 동일시되는 포인트 슈즈도 빼놓을 수 없지.

하지만 전 세계적으로 남성이 춤을 추는 문화가 더 많다고 해.

남성의 뛰어난 에너지와 근력은 신체적으로 춤추기에 훨씬 더 좋지.

와! 저 탄력 와! 저 탄력 좀 봐 혁

여성 무용수가 더 뛰어나다는 의견은 경쟁이 더 치열한데다, 춤을 일찍 시작하기 때문이야.

뻥!

편견

하지만 최근 들어서 이런 선입관이나 편견들이 많이 바뀌고 있어.

2002년 영국 로열 발레학교에는

역사상 처음으로 여학생보다 남학생이 더 많이 입학했어.

영국 방송 BBC는 〈빌리 엘리어트〉가 사람들의 편견을 많이 바꾸어 놓았다고 보도했지.

남자가 뭘 발레냐는 편견을...

발레학교 학생이라고 말하기 쉬워졌어요.

이런 편견 외에도 무용수들의 삶은 결코 쉽지가 않아.

엄청난 연습량, 치열한 경쟁, 다이어트 등 끝없이 노력해야 하고,

무대에 한 번 서기도 쉽지가 않아.

파트너가 다쳤으니 자네는 이번에는 빠져야겠네.

안나 파블로바는 발레에만 헌신했지만, 자신의 삶이 '고행만이 군림하는 수녀원 생활 같았다.'고 했어.

얼마나 연습을 했는지 그녀가 춤춘 뒤 무대 위에 발끝 모양의 핏자국들이 남기도 했대.

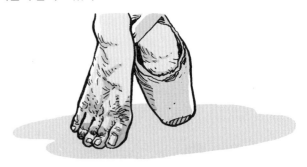

의사는 그녀의 발이 일어서기도 힘든 상태라고 했어.

춤은 인체의 움직임을 극대화시키다보니 부상이나 신체적인 고통이 따라.

만성적인 통증은 물론이고, 나이 들어서 정상적인 활동을 못하기도 해.

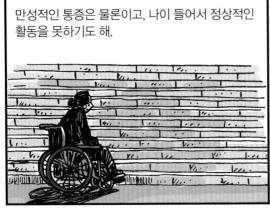

마사 그레이엄은 젊은 시절 무릎에 혹이 생겨 평생 관절염으로 고생했지.

무용수들의 훈련은 몇 세기 동안 계속된 것으로, 매일 반복해야만 하는 고된 연습이야.

몇 해 전 발레리나 강수진의 발 사진이 공개됐지.

흉측하게 곪아 터진 발가락은 그녀의 노력을 단적으로 보여 주었어.

우리가 춤을 볼 땐 그저 아름답고 멋있기만 하지.

춤은 공주나 요정의 사랑 이야기에서부터 삶의 치열함과 비참함을 보여 주는 어두운 작품까지 너무나 다양해.

이런 이야기들 속에서 갈등을 통해 성장하는 인간의 모습을 볼 수 있고,

또한 강수진처럼 자신과 치열하게 싸우는 모습도 볼 수 있지.

이런 인간의 진솔함을 보여 주는 것이 바로 춤의 매력이야.

자, 이제 춤을 보러 가 보는 것은 어떨까?

영원한 동반자
혹은 라이벌

춤과 음악은 어떤 관계일까요? 음악은 춤의 동반자이자, 춤의 위치를 위태롭게 하는 경쟁자이기도 했습니다. 대부분의 문화를 보면 초기에 춤은 음악과 한 몸이었음을 쉽게 볼 수 있습니다. 예컨대 그리스의 신화를 보더라도, 춤을 담당하는 여신인 테르프시코레는 음악의 여신인 9명의 뮤즈 중에 한 명이죠. 음악과 늘 함께 하는 춤은 가끔 그 독자성을 의심받습니다. 왜냐하면 춤이 없는 음악은 익숙하지만, 음악이 없는 춤은 드문 경우가 많기 때문입니다.

그러나 춤은 음악에 종속된 예술이 아닙니다. 오히려 춤은 음악과 다양하게 관계를 맺으면서 독자적인 의미를 만들어 낸다고 할 수 있지요. 음악이 음악 자체를 이야기하듯이, 춤은 춤 자체를 이야기합니다.

기능적인 면으로 볼 때 음악은 무용수들이 춤출 수 있는 박자와 리듬감을 줍니다. 그러나 의미에 있어서 춤은 음악과 같은 내용을 이야기하기도 하지만, 그것을 뛰어넘기도 하고 부정하기도 합니다. 쉽게 예를 들자면, 아주 즐겁고 쾌활한 음악으로 무용가는 깊은 슬픔을 표현할 수도 있고, 빠른 템포의 음악을 느리게 사용할 수도 있는 것이지요.

미국의 현대 무용가이자 안무가 머스 커닝엄.

대표적으로 현대 무용가인 머스 커닝엄은 음악에 춤을 맞추는 것을 거부합니다. 음악을 듣고 안무하는 것이 아니라, 음악가와 기본적인 개념과 정보만 주고받은 뒤 각자 따로 작업을 하고, 공연하는 날 무대에서 춤과 음악이 함께 나가는 것이지요. 즉 춤의 독자성을 유지하면서 음악과 우연에 의한 조화와 불균형을 보여 주는 실험적인 작업이라고 할 수 있겠지요.

흔히 〈백조의 호수〉하면 안무가인 마리우스 프티파보다 작곡가인 차이코프스키를 먼저 떠올립니다. 지금이야 차이코프스키가 훨씬 유명하지만, 그가 발레 음악을 작곡할 당시에는 천하의 차이코프스키도 안무가의 지시에 따라서 작곡을 해야 했습니다. 19세기의 황실발레단에서는 발레마스터라 불리는 안무가가 모든 것을 지휘하는 권력이 있었고, 음악가는 그의 요구를 잘 따라서 음악을 만들어야 했습니다. 당시의 관습을 보면 발레 음악가들은 춤추기에 쉬운, 박자가 딱딱 맞아떨어지는 음악을 많이 만들어 내었습니다. 그러나 차이코프스키는 그런 발레 음악을 무의미하고 시시하다고 생각했습니다. 그래서 그가 발레 음악을 쓸 때면 항상 자신의 어린 날의 기억과 향수, 사랑 등이 듬뿍 담긴 드라마틱하고 교향악적인 곡을 쓰게 됩니다.

이사도라 덩컨은 음악성으로 매우 유명한 안무가입니다. 그녀는 음악이 자신의 '영감의 원천'이라고 주장하면서, 베토벤이나 쇼팽 같은 대가들의 음악에 맞추어 춤을 추었습니다. 이는 당시로는 상당히 획기적인 생각이었죠. 왜냐하면 당시 춤을 출 땐 춤을 위해 작곡된 음악만을 사용하였습니다. 그러나 이사도라는 음악을 자신의 춤으로 형상화시키려는 시도를 합니다. '음악의 시각화'는 이사도라를 유명하게 했지만, 춤을 음악 아래에 낮추는 것이라는 비난을 받기도 했지요. 하지만 이사도라는 당시 예술로서 자리매김하지 못

거장들의 음악을 통해 춤의 영감을 얻은 이사도라 덩컨.

했던 춤을, 베토벤이나 쇼팽, 바하 같은 대음악가들과 같은 반열에 올려놓으려 했던 야심이 있었던 것이지요.

지금까지 우리는 춤에 대해서 알아 보았고,

춤의 기원이나 역사에 대한 이야기를 했어.

그런데 왜 춤에 대해서 공부할 필요가 있는 걸까?

음악이나 미술은 우리가 쉽게 접할 수도, 배울 수도 있지만,

민속춤이나 예술춤은 접하기 쉽지 않아.

특히 남학생들의 경우 기회가 더욱 적지.

여전히 남성 무용수가 된다고 하면 편견이 존재해.

남성이 여성적이기 때문이라거나, 별로 지적이지 않아서라는 편견도 있지.

사람들은 춤을 무척 어려워 하는데,

이런 편견은 역사가 상당히 길어.

춤은 인간의 가장 오래된 예술이고,

인간의 몸과 정신을 함께 조화롭게 만드는 예술인데,

춤의 가치에 대한 인식은 왜 이렇게나 야박한 걸까?

20세기에 와서 춤을 예술로 보기 시작했어.

1981년 캐나다의 철학자 프란시스 스파숏은

*프란시스 스파숏(Francis Sparshott, 1926년~)

『철학자들은 왜 무용을 무시했을까』라는 에세이를 썼는데,

이 짧은 에세이는 무용계에 큰 파장을 일으켰지.

그는 무용이 철학적 기반이 없었던 이유를 조목조목 집어냈어.

역사적으로 춤에 대해서 설명하고 의미를 주장한 철학가는 없었다.

그가 언급한 건 우선 춤에 대한 논의의 기회가 부족했다는 거야.

미술, 문학, 건축은 작업 자체가 남아서

비록 지금 인정받지 못해도 다음 세대에서 인정받을 수 있지만,

역시 미술에 한 획을 그은 화가답군!!

춤은 순간 지나가 버려 논의의 토대가 되기 힘들었고,

아까 그 장면은 말이지~.

어느 장면을 말하는 건가?

무용가가 죽고 나면 그의 춤도 사라져 버리기 때문이지.

그 무용가는 너무 시대를 앞서갔어.

그 사람 춤을 볼 수 있어야 말이지.

또한 논의를 나눌 친숙한 작품이나 무용가도 많지 않아.

이본 레이너의 〈트리오 A〉는~.

누가 누군지 알아야 말이지

철학자 대부분 남성이고 가부장적인 것에 반해,

여성 철학자가 누가 있지?

춤은 발레의 인기 덕분에 매우 여성적인 예술로 여겨졌고,

서양 문화가 정신과 이성을 중요시하는 관념적인데 반해,

춤은 신체성이 강해서,

철학자들의 관심에서 제외되었지.

또 서양의 청교도 정신은 춤을 세속적이고 유흥적인 것으로 치부해 버렸어.

특히 기독교는 춤으로 제사를 드리는 토속 종교들을 반대했기에,

중세 기간은 춤의 암흑기였지.

몇몇 철학가들이 춤에 대해서 우호적 발언을 하기는 했지만,

춤의 예술성 자체를 인정하는 이론을 확립해 주지는 못했어.

철학자들에게 인정받지 못한 것이지.

따라서 음악, 미술, 시, 건축 등이 예술로 존경받는 동안,

무용수들과 안무가들은 제대로 된 대접을 받지 못했어.

하지만 스파숏은 신체성이나 여성성 같은 편견보다 더 중요한 것이 있다고 지적해.

바로 춤은 역사 속에서 그 시대 정신을 적극적으로 반영하지 못 했다는 거야.

즉 춤이 예술로서 그 사회의 생각과 고민을 진지한 방식으로 이야기하지 못 했다는 거야.

발레는 궁정에서 탄생해서 화려하고 사치스런 모습이었어.

초기에는 왕실의 명예를 높이는데 이용되었고,

후에 무대 예술이 되어서는 낭만적인 사랑이나 마법 같은 이야기들을 주제로 했어.

르네상스나 혁명기의 새로운 사상의 시기를 거쳐 오면서도,

발레는 그저 달콤하고 아름다운 볼거리에 급급했다는 거지.

19세기 초 독일 철학자 헤겔은 음악, 시, 건축, 조각, 회화를 예술로 지칭하면서,

불완전한 예술로 무용과 정원술을 꼽았어.

그 당시 정원술은 상당히 발달되어 상징적인 의미가 많았어.

예컨대 방사상으로 모두 가운데(왕)로 모이는 구도의 정원은 왕의 중앙집권을 상징하고, 인공폭포와 분수는 권력은 중심(왕)에서 나온다는 절대왕정을 상징적으로 표현해.

마치 왕의 통치처럼 보이지~.

헤겔이 춤을 불완전한 예술이라고 생각한 이유는

자네가 불완전한 이유는?

두근 두근

정원술

당시의 춤이 그가 생각한 '의미의 수단'이 아니었기 때문이야.

저건 의미 깊은 걸 전달하지 않아!

헐

춤

즉 실제의 춤은 예술로서의 가능성을 보여 주지 못했어.

춤은 이론적으로만 가능한 거야…

당시의 발레는 초기 형태로 매우 팬터마임에 가까웠는데,

?

비가노라는 안무가는 춤에 볼거리와 드라마를 결합시켜서 인기를 끌었어.

끙~

헤겔은 당시의 춤을 보고 매우 실망하면서 시보다 열등하다고 비꼬았지.

저건 시 보다 못한…

위청

내가 뭘…

사실 곧이어 등장한 낭만 발레는 그가 기대한 예술로서의 가능성이 충분히 있었어.

이성이 세계를 지배한다 -헤겔-

하지만 헤겔은 최초의 낭만 발레가 탄생하기 불과 일주일 전에 죽고 말아.

최초의 낭만주의 발레를 예고한 작품은 〈수녀들의 발레〉인데,

죽은 수녀들이 수도원에서 춤추는 내용이야.

이후 낭만 발레는 세련된 체계와 표현 방법으로 상당히 오랫동안 사랑받았어.

그가 낭만 발레의 성공을 보았으면 생각이 달라졌을까?

낭만발레

그랬다면 춤이 철학적인 논의와 이론을 얻을 수 있었을지도 모르지.

월

나도 예술이야

예술 인정서

헤겔

오~ 음악

와

시

스파숫의 지적대로 춤이 서양 문화의 중심 역할을 한 것은 아니지만,

서 구 문 화

그렇다고 의미 없는 예술이라고 말할 수는 없어.

갸우뚱

서 구 문 화

쏙

춤

오히려 가장 인간적인 예술이라고 할 수 있지.

춤

주물 주물

춤은 언제나 인간과 함께였고,

살아나서 인간과 함께 하거라

후~

춤

넵~ 감사합니당~

인간의 삶을 위로하는 친구였거든.

너랑 같이 있으면 즐거워

나도

춤

예전의 무용학자들은 춤의 예술로서의 가치를 강조하기 위해,

예술춤과 비예술춤을 나누고 예술 형태의 춤만 강조했어.

하지만 이것 역시 불필요한 이분법적 사고이며,

서양 중심의 관점에서 모든 춤을 바라보는 오류를 범하게 해.

왜냐하면 모든 인간은 춤출 수 있고,

우리 민족은 춤과 노래를 즐기고 사랑한 민족이지.

하지만 그 가치를 인정하고 발전시켰다고 하기는 어려워.

춤을 사랑한 민족이기는 하지만 춤의 가치를 인정한 것은 최근이지.

특히나 일본이 우리 고유의 문화를 상당히 훼손시켰기 때문에,

우리 춤에 대해서 긍정적이지 않은 편견도 존재해.

흔히 한국 춤이라고 하면 어떤 것이 떠오르니?

부채춤이나 꼭두각시, 화관무?

특히 부채춤은 전통 무용이 아니라 창작 무용인데,

대중적으로 널리 퍼지긴 했지만, 가끔은 방송에서 너무나 희화화되어 나오는 것을 보면,

이 춤의 매력이 제대로 평가 받지 못한다는 생각이야.

부채춤을 비롯해 화관무, 장고춤 같은 춤들은

서양의 춤에 영향을 받은 창작 무용으로,

한국의 전통 춤은 궁중 무용이건 민속 무용이건 극장에서 추지 않았어.

감상을 위해 마련된 궁중 무용조차도 궁궐의 마당에서 추었지.

20세기에 서구의 영향으로 새로운 춤이 나타나는데,

와 | 짜잔~ | 와 | 신무용 | 20세기

궁중 무용이나 민속춤을 현대 극장에 맞게 창작한 춤인 '신무용'은

민속춤 | 변신 | 펑 | 신무용

관객을 의식하다보니 대형이 화려해지고 포즈가 많아지지.

으하하 | 최대한 잘 보이게 날아야지~ | 신무용 | 와 | 와

특히 여성 무용수의 화사한 춤이 강조되고, 시선을 끄는 활달한 동작이 많이 포함돼.

대표적으로 장고춤이 있어.

아까 신무용이 우리나라의 민속춤, 궁중춤 모두를 흡수해 창작한 춤이라고 했지?

신무용 | 민속춤 | 궁중춤 | 신

서양에서는 신무용인 현대 무용이 과거의 춤인 발레를 부정했는데, 우리는 반대야.

첫! 과거를 인정하지 않는 건 일본뿐만이 아니었군 | 발레 | 난 너랑 무조건 달라! | 현대 무용 | 서양

신무용은 서구의 춤의 영향을 많이 받아서 창작과 표현을 중시했는데,

내가 다 흡수해 주겠어 | 쪽 | 신무용 | 서구의 춤

초기에는 발레, 현대 무용, 한국 무용, 창작 무용이 모두 섞여 있다가

1970년대에 국립발레단과 국립무용단이 설립되어 본격적인 예술 무용 시대가 열렸어.

끼이익 | 영차 | 예술 무용

초기의 국립무용단은 신무용 스타일의 한국 창작춤을
무대에 올렸고, 국내에서나 해외에서나 대표적인
한국의 춤으로 소개했지.

1980년대에 이르러 한국 무용은 점차 자유롭게 발전했는데,

펄럭

1980년 무용과

안무가 개인의 스타일을 탄생시키면서 다양하고 창의적인
춤이 만들어졌지.

스타일

이름은 같은 한국 무용으로 불리는데 너무나 다른
무용이 존재하는 거야.

춤사위, 의상, 무대까지 그대로 계승되는 전통 춤이
있는가 하면,

춤은 손이 손을
가르치고 발이 발을
가르친다.

춤

호흡이나 움직임 면에서 한국 춤의 방법을 사용하지만, 안무가의
창의성이 매우 강조된 현대적인
'한국 창작 무용'이 있어.

흠...

저건 뭐라
불러야 될지

이 문제에 대해서 한국의 무용학자들
사이에서도 의견이 많았어.

완전 새로운
현대 무용이요

무슨 소리
아직 우리네
동작이 많어
한국무용이요~

최근에는 창작물들은 한국 무용이 아니라 현대 무용으로 구분되어야 한다는 목소리가 커지고 있어.

사실 사람들이 흔히 전통 무용이라고 하면 한국 창작춤을 뜻하는 경우가 많아.

하지만 클래식 발레와 한국 창작춤 중 어떤 게 전통 춤일까?

엄밀히 따지면 클래식 발레가 전통 무용이고, 이런 한국 창작춤은 현대 무용이라고 봐야 해.

기존의 공동체 생활이 사라지면서 수많은 민속춤이 없어졌고,

우리에게 너무 생소해져서 우리 자신들조차 그 가치를 느끼지 못했어.

최근에 와서 정부나 단체에서 지원을 하고 보존을 하고 있지.

전통을 중요시하는 유대인들은 여전히 행사에서
자신들의 전통 춤을 춰.

춤을 추고 나누면서 자신의 문화에 대한
소속감을 배우는 거야.

우리도 직접 우리 춤 문화를
체험하는 기회가 더
많아졌으면 해.

우리는 이 책에서 춤의 기능들과 다양한 모습들,
춤의 종류와 역사까지, 긴 여정을 걸어왔어.

춤은 음악처럼 인간의 본능 중
하나지만,

춤에 대해 배울 기회가
적기 때문에

어쩐지 낯설고 멀게 느껴지는 게
사실이야.

특히나 무대 예술로서의 춤을 보면, 그저 화려한
아름다움 외에는

내게 어떤 의미인지 알기도 쉽지 않지.

그런데 춤 속에는 신체의 한계에 도전하는 인간이 있어.

몸과 마음, 이성과 감성이 분리되지 않은

따뜻한 체온을 가지고 자기의 생각을 춤추는 인간이 있지.

춤은 음악처럼 눈앞에서 사라지기에 의미를 잡기엔 너무 힘들지만,

완성되는 순간 사라지기에 더 현재의 순간에 집중하게 만들지.

춤을 춘다는 것은 누군가에게 말을 건다는 것과 같아.

무용수들이 춤을 추는 것은 단순히 아름다움을 뽐내기 위해서가 아니라,

자기의 생각, 느낌, 이야기들을 움직임을 통해서 이야기하고 있는 거야.

자신의 신체를 통해 온전히, 솔직하게 드러내는 것이지.

춤은 마임처럼 한 동작, 한 동작을 언어로 바꿀 수도 없고, 그럴 필요도 없어.

내가 말로 할 수 있다면 왜 춤을 추겠소?

인간의 의사소통의 3분의 2 정도는 비언어적인 것이라고 해.

거짓말을 하지만 몸이 반응하는 것 등을 보면 알 수 있지.

어… 그게 어…

거짓말 하는구먼!

춤은 인간이 움직임의 언어로 이야기를 하는 거야.

무용수의 테크닉이 화려해 보이지만, 정말 중요한 것은 아니야.

테크닉은 관객의 관심을 끌게 하는 도구이지만,

중요한 것은 무용수가 자신을 드러내는 진정성이겠지.

많은 단어를 아는 사람이 제일 좋은 시인이 아니고,

내 시는 왜 감동이 없지?

가장 음정이 높은 사람이 제일 훌륭한 가수가 아닌 것처럼,

내 목소린 와인잔도 깰 수 있어!

노래를 들을 때 음정은 다소 불안해도 진심이 느껴지는 때가 있지?

춤의 테크닉은 부수적인 것일 뿐, 핵심이 아니야.

무용가가 움직임으로 자신의 생각, 느낌을 표현한다는 춤의 핵심을 통해

우리가 왜 춤을 배워야 하는지를 생각해 볼 수 있을 거야.

각 문화와 사회와 함께 발전하고 있는 춤은

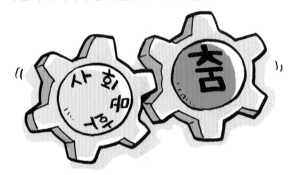

종교, 구애, 사교, 교육, 오락, 예술 등 다양한 기능을 하고

안무가나 무용수에게는 자신의 생각과 느낌을 전달하는 역할을 하지.

따라서 춤은 그 사회가 어떤 사회인지를 이해하고,

인간의 삶과 관련된 춤의 다양한 기능들을 익히면서,

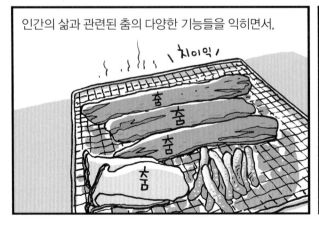

다른 사람의 생각과 느낌을 알게 된다는 점에서 큰 의미가 있어.

우린 주위의 춤에 관심을
좀 더 기울여야 할 거야.

그것이 평범한 사람의 몸짓이든
유명한 무용가의 것이든,

모두 각각의 의미를 지니니까.

몸을 단련하고픈 사람에게는
건강한 율동이 되고,

삶이 고단한 사람에게는
따뜻한 위로가 되고,

춤은 기뻐하는 사람에게는
유쾌한 친구가 되고,

친목을 도모하고 싶은
사람에게는 사교의 수단이
되고,

이렇게 다양한 의미를
가지고 있는 춤이 나에게는
어떤 의미인지를 지금부터
찾아 보는 건 어떨까?

의미를 찾는 사람에게는
예술 작품이 되어 주지.

영화와 텔레비전 속의 춤 이야기

춤은 영화에서 중요한 소재로 사랑받아 왔습니다. 직접적으로 무용수들의 삶이나 경쟁, 도전 등을 다룬 작품들이 있는가 하면, 마치 뮤지컬처럼 춤이 작품의 중요한 역할을 하는 경우도 있고, 남녀 간의 사랑이나 젊은이들의 열정을 보여 주기 위해 부분적으로 나타나는 영화도 있습니다. 특히 로맨스 영화에서 춤이 한 장면도 안 나오는 것은 드물 정도입니다. 젊은 남녀들은 춤을 통해서 자신의 매력을 돋보이게 하기도 하고, 상대와 함께 춤을 추면서 더욱 친밀하고 다정한 관계로 발전하기도 합니다. 할리우드 영화가 로맨틱하게 춤을 비춰 준 덕분에 우리는 남녀가 춤을 추면 사랑에 빠질 것이라는 영화 속의 마법을 믿게 됩니다. 이처럼 영화나 텔레비전 속에서 춤은 중요한 소재이며, 우리에게 춤을 더 가깝게 느끼게 만들기도 하지만, 춤의 특정한 면을 부각시키거나 심지어 부정적인 편견까지 보여 주는 경우도 있습니다.

2000년 개봉되어 큰 화제를 일으켰던 발레 영화 〈빌리 엘리어트〉.

영화는 물론 뮤지컬로도 제작된 〈빌리 엘리어트〉는 1980년대 영국의 시골 마을의 남자아이가 무용수의 길을 걷기까지의 모습을 담은 매우 독특한 스토리의 영화입니다. 가난한 광부인 아버지는 아들이 권투를 배우기를 바라지만, 빌리는 몰래 발레를 배우며 무용수의 꿈을 꿉니다. 이 영화는 영국의 파업문제부터 가족 간의 따뜻한 사랑, 그리고 춤추는 남성에 대한 편견과 그것을 극복하는 어린 무용수의 열정까지 잘 보여 주고 있습니다. 빌리는 로열발레학교에 입학시험을 보러 가서 기본기조차 갖추지 못한 춤을 춥니다. 하지만 그가 "춤출 때는 다른 사람이 되는 것 같아요."라는 고백을 하자, 심사위원들은 그를 받아 주게 되지요.

영화는 어린 무용수가 자신의 진심을 깨닫고 춤에 빠지는 모습을 소박하고 감동스럽게 보여 줍니다.

2011년에 개봉된 〈블랙 스완〉은 한 여성 발레 무용수가 발레 〈백조의 호수〉의 주인공을 맡으면서 겪는 이야기입니다. 〈백조의 호수〉에는 선량하고 아름다운 백조와 유혹적이고 악마적인 흑조가 나오는데, 천성적으로 백조에 가까운 주인공은 완벽한 흑조가 되기 위해서 스스로를 파괴하며 혼란을 겪죠. 물론 매우 극단적인 모습이기는 하지만, 이 영화를 보면 무용수들의 완벽주의적인 모습과

제83회 아카데미영화상 여우주연상을 수상한 영화 〈블랙 스완〉.

역할에 대한 집중력을 엿볼 수 있습니다. 무엇보다 발레 〈백조의 호수〉에 숨겨진 인간의 양면성을 영화가 잘 보여 주고 있다는 것도 흥미롭지요.

한편 최근에는 춤을 소재로 한 TV 프로그램이 인기입니다. 미국에서는 유명 인사들이 전문 무용수와 커플을 이루어 춤을 추는 〈댄싱 위드 스타〉나 일반인들이 나와 오디션을 펼치는 〈소 유 싱크 유 캔 댄스〉 같은 프로그램이 인기를 끌었습니다. 이런 프로는 춤을 배우는 사람들의 열정이나 춤의 화려한 면을 강조해서 사람들의 이목을 끌기 좋습니다. 실제로 이런 프로들을 보고 춤에 매력을 느끼거나 춤을 배우려는 사람들이 늘어날 수도 있지요. 그러나 한편으로는 비판적인 시각도 있습니다. 카메라가 춤추는 사람들의 신체를 지나치게 조명함으로써 춤의 시각적이고 자극적인 적인 면만 강조한다는 비판도 있고, 춤을 경쟁의 도구로 이용한다는 것이지요. 이처럼 미디어가 춤에 접근하는 방식은 매우 다양하며, 그 접근 방식에 따라서 춤은 매우 다른 모습으로 우리에게 전달되고 있습니다.

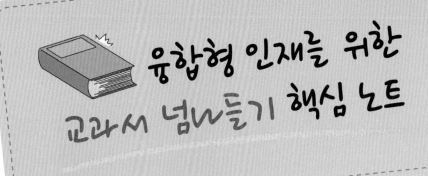

융합형 인재를 위한
교과서 넘나들기 핵심 노트

넘나들며 **읽기**

새롭고 창의적인 키워드를 만들어 내기 위해서는 기존의 개념을 잘 이해해야 합니다. 창의적인 것이란 이 세상에 존재하지 않는 것을 만들어 내는 것이 아니라 기존의 것들을 잘 섞고 혼합하여 폭을 넓히면서 만들어지는 것이니까요. 이 책에서 읽은 내용을 바탕으로 창의적인 사고를 펼쳐 볼까요?

나는 춤춘다, 고로 존재한다

그 날이 오면, 그 날이 오면은

삼각산(三角山)이 일어나 더덩실 춤이라도 추고,

한강(漢江) 물이 뒤집혀 용솟음칠 그 날이

이 목숨이 끊기기 전에 와 주기만 하량이면……

심훈은 시 〈그날이 오면〉에서 '삼각산이 일어나 더덩실 춤'을 출 것이라는 과장된 표현으로 해방의 기쁨이 얼마나 큰 지를 강조했어요. 인간에게 춤을 춘다는 것은 기본적인 감정을 직접적으로 표현하는 본능적인 움직임에 가깝기 때문이죠.

이 시에서처럼 춤은 기쁨과 즐거움을 직접적으로 표현하기에 적합합니다. 인간은 희로애락이라는 다양한 정서들을 춤으로 표현하는 방법들을 개발해 왔고, 고도로 전문화되어 다년 간의 훈련 없이는 따라 하기 힘들 정도의 복잡하고 어려운 동작들을 포함하는 춤들도 존재하죠.

하지만 마치 고난도의 곡예처럼 보이는 팝핀이나 브레이크 댄스, 혹은 발레의 복잡한 동작이 점점 보여 주기 위한 스포츠화된다고 하더라도 여전히 춤의 근원은 인간이 자신의 감정과 정서를 몸으로 표현하는 순수한 즐거움에 있을 거예요.

집이 없어 밖에서 살아야 하는 노숙자들은 사회에서 모든 걸 잃고 한순간에 절망의 바닥에 떨어진 사람들이라고 할 수 있죠. 이들이 인간다운 삶을 되찾을 수 있도록 사회는 여러 가지 노력을 기울이고 있는데, 그중에서는 직업 훈련 외에도 인문학 교육도 포함돼요. 당장 밥 한 끼가 급한 사람들이지만 인문학을 통해서 자신과 세상을 돌아보는 힘을 얻고 자존감을 회복함으로써 사회에 복귀할 수 있도록 돕는다는 취지죠. 인간은 인간답게 살기 위해서 빵 이상의 것이 필요하기 때문이에요.

인문학 공부뿐이 아니라, 놀랍게도 노숙자들에게 발레를 가르치는 사람이 있어요. 서울 발레시어터의 예술 감독이자 상임 안무가인 제임스 전이 바로 그 사람이에요. 노숙자들의 자활을 돕기 위해 만들어진 잡지 「빅 이슈」는 영국에서 시작되었어요. 잡지를 판매하고 그 수익금을 통해 노숙자들이 생계를 유지하며 사회로 복귀할 수 있도록 돕는 것이죠. 한국에도 「빅 이슈 코리아」가 발행되는데, 제임스 전은 이 「빅 이슈 코리아」를 판매하는 노숙자들에게 발레를 가르쳐요. 발레란 고급 예술이며 전문가들만의 것이라는 편견을 깨고, 노숙자들은 발레를 통해 마음의 병을 치유 받는다고 해요. 어색한 몸짓에서 벗어나 발레의 동작에 익숙해져 자신을 표현하게 될 때 자신감도 함께 늘어난다는 거죠.

1940년대에 시작된 무용 치료라는 심리 치료 기법이 있어요. 일단 무용은 격렬한 운동이 돼요. 격렬한 운동을 할 때 신체는 스트레스를 받게 되고 아드레날린, 엔도르핀 등 신체를 긴장, 이완시키는 다양한 내분비 물질을 분비함으로써 전체적으로 억눌린 감정을 해소시켜요. 물론 춤이란 것이 평소에 표현하지 못했던 정서를 드러내는 것이기 때문에 그 효과는 배가 되죠. 또 춤의 언어를 통해 자신을 표현하고 남과 소통함으로써 소외를 극복하는 효과도 있어요. 더 나아가 춤의 표현을 통해 신체와 감정을 일치시킴으로써 자아의 통일성과 안정감을 찾고 자존감을 증대시킬 수도 있죠.

철학자 데카르트는 "나는 생각한다, 고로 존재한다."고 했지만, 인간이란 육체와 정신의 결합이므로 지각 없는 행동이나 행동이 없는 사고만으로는 살수 없어요. 그러므로 "나는 춤춘다, 고로 존재한다."고 말하는 것이 훨씬 더 우리의 존재를 더 잘 드러내는 표현이 아닐까요?

더 생각해 보기

• 자신의 감정들(기쁨이나 슬픔, 노여움이나 즐거움)을 표현하는 동작들(춤의 언어)을 고안해 봅시다. 그리고 기존의 무용(고전 무용이나 현대 무용)에서 같은 감정들을 어떤 식으로 표현하는지 주의 깊게 살펴보아요. 비교를 통해서 자신이 만들어 본 춤의 언어를 평가해 보고, 동시에 무용의 표현법이 어떠한지 이해해 보도록 합시다.

넘나들며 질문하기

창의적 독서란 책이 주는 정보를 정보 그대로 이해하는 것이 아니라 자기 것으로 만드는 독서를 일컫는 말입니다. 이 책에서 넘나들기를 한 분야 외에 세상의 많은 분야와 정보가 모두 이 책을 중심으로 뻗어나갈 수 있을 것입니다. 이 질문은 여러분들이 창의적인 상상을 할 수 있도록 도와주는 것들입니다. 최선의 답은 있으나 정답이 있는 것은 아닙니다. 책의 내용과 관련지어 다음과 같은 질문들에 간단하게 생각을 해 봅시다.

질문

춤에는 고대 제천행사에서 비롯된 제의 기능이 있습니다. 여러분이 풍작이나 많은 사냥감을 기원하는 고대인이 되었다고 상상해 보세요. 그리고 노래 가사와 춤을 떠올리며 기원 행사를 기획해 봅시다. 특정한 동작과 노랫말이 어울리도록 짧은 안무를 고안해 보세요.

힌트!

TV나 영화에서 이런 제천행사를 보게 된다면 주의 깊게 보도록 하세요.

질문

원래 시는 노래에서 비롯되었지만 점점 음악과 분리되어, 쓰고 보고 읽는 예술로 발전했습니다. 춤도 음악에서 벗어나 순수한 동작만으로 '음악 없는 무용'이 시도되고 있어요. 음악 없이 춤을 춰 보고 음악에 맞춰 춤을 출 때와의 느낌을 비교해 보세요.

힌트!

음악에서 춤이 만들어지기도 하지만, 춤을 위해서 음악을 작곡하는 일도 있습니다. 음악과 춤의 관계는 어떤 것일까요?

질문

체조와 무용은 음악에 맞추어 몸을 아름답게 움직인다는 점에서 같아 보이기도 하지만, 체조는 스포츠로, 무용은 예술로 분류되는 전혀 다른 것입니다. 둘의 공통점과 차이점을 적어 보고 둘이 어떤 관계인지 생각을 정리해 보세요.

	체조	무용
음악	○	○
분류	스포츠	예술
......		
......		

힌트!

똑같이 날카로운 날을 갖고 있지만 베는 용도의 칼과 찌르는 용도의 창이 다르듯이, 겉보기에는 비슷해 보일지라도 전혀 다른 것들이 많이 있습니다. 무용과 체조를 그렇게 생각해 보세요.

질문

춤의 언어는 모두 다릅니다. 하와이의 훌라 댄스는 상체를 놔둔 채 허
리와 엉덩이를 흔들지만, 한국의 전통 무용은 어깨를 들썩이는 대신 허
리와 엉덩이를 놔두지요. 각국의 전통 무용을 찾아서 이런 춤 언어의
차이를 비교해 보세요.

힌트!

그 나라의 문화와 전통은 춤 언어에서도 나타납니다. 각국의 춤 언어가 무엇을
의미하는지를 알면 그 나라 문화와의 차이를 알 수 있습니다.

일본 영화 〈쉘 위 댄스〉의 주인공은 중년의 샐러리맨으로 우연히 사교 댄스를 배우면서 삶이 바뀌게 됩니다. 영국 영화 〈빌리 엘리어트〉의 주인공은 가난한 석탄 광부의 아들로 발레를 배우면서 새로운 세계를 만나게 되지요. 여러분 삶에서도 이렇듯 무언가를 배움으로써 삶이 크게 달라졌다고 느낄 만한 경험이 있었나요? 어떻게 달라졌는지 설명해 보아요.

자신의 경험이 없다면 다른 유사한 성격의 작품을 읽거나 본 뒤 공감해 보도록 하세요.

질문

꿀벌의 춤이란 게 있어요. 동그라미를 그리거나 8자를 그리면서 움직임으로써 꿀(꽃)이 있는 곳의 거리와 방향을 동료들에게 전달하는 것이죠. 이것은 춤이 아니라 하나의 '언어'와 같은 의사소통 방식이죠. 그렇다면 사람들의 춤과 어떤 점에서 다를까요?

힌트!

적지 않은 동물들이 '구애의 춤'을 춘답니다. 화려한 수컷이 암컷을 유혹하기 위해 추는 춤이에요.

질문

왈츠는 4분의 3박자의 우아한 춤곡으로 19세기 유럽에서 유행한 음악이자 춤입니다. 이외에도 살사, 탱고, 스윙 등 음악이자 춤의 스타일을 가리키는 단어들이 많이 있습니다. 가능한 많이 찾아서 유행하거나 발생한 시기와 장소, 그리고 그 특징들을 정리해 봅시다.

힌트!

매우 많으니 다 찾으려는 욕심은 버려도 좋습니다. 단 고전 음악 뿐만 아니라 민속 음악이나 대중 음악 등 골고루 여러 종류를 찾아 보세요.

(친구들과 함께 해요) 짧은 이야기를 정해서 말없이 춤으로 그 내용을 표현해 봅시다. 말을 춤으로 옮기는 것이 얼마나 어려운지, 같은 내용을 친구들은 어떻게 표현했는지 비교해 보아요.

나는 지갑을 잃어버려 하루 종일 우울했다. 여기저기 찾아보아도 찾을 수 없어서 울적했는데, 어머니가 빨래에 넣어 둔 것을 가져다 주셨다. 바보 같은 실수를 해서 창피했지만 지갑을 다시 찾으니 기분이 좋았다.

힌트!

동화의 이야기를 소재로 해도 좋고, 위의 박스 내용처럼 자신의 경험을 소재로 해도 좋습니다. 친구와 싸웠다가 화해했던 경험을 어떻게 춤으로 표현할 수 있을까요?

우리의 전통 무용 중에서도 탈춤이 매우 유명하죠. 탈춤(가면놀이)은 마치 극처럼 이야기를 갖고 있는 데다 해학과 풍자를 품고 있어 각 지역별로 특색 있는 춤이 전해지는 경우가 많습니다. 지역의 대축제에서는 전통 탈춤 공연이 이루어지는 경우도 많고요.

◎탈춤 공연을 보고 그 줄거리를 정리해 봅시다. 춤과 대사가 어울리나요?
◎주요 등장인물의 탈(가면)을 그려 보고 그 성격을 묘사해 봅시다. 생긴 것과 역할이 잘 어울리나요?

이어령의 교과서 넘나들기 춤편

펴낸날	초판 1쇄 2012년 7월 20일

콘텐츠 크리에이터	이어령
지은이	제환정
그린이	김강섭
기 획	손영운, 모해규
펴낸이	심만수
펴낸곳	(주)살림출판사
출판등록	1989년 11월 1일 제9-210호

경기도 파주시 문발동 522-1
전화 031)955-1350   팩스 031)955-1355
기획·편집 031)955-1392
http://www.sallimbooks.com
book@sallimbooks.com

ISBN   978-89-522-1894-0   03680
       978-89-522-1531-4   (세트)

책임편집 **장선영**